中国诚信文化

ZHONGGUO CHENGXIN WENHUA

中国社会主义文艺学会
公安部华盛音像出版社 **主办**

中国社会主义文艺学会诚信文化研究院 **协办**

2017年第2辑（总第2辑）

出版发行：群众出版社
地址：北京市方庄芳星园三区15号楼　邮政编码：100078
经销：新华书店　　印刷：北京普瑞德印刷厂
版次：2017年4月第1版　印次：2017年4月第1次
印张：4　开本：880毫米×1230毫米　1/16
字数：120千字
书号：ISBN 978-7-5014-5676-5
定价：20.00元

投稿联系方式
电话：010-67093701　13522408840
通信地址：北京市东城区广渠门南小街领行国际中心1号楼2单元303室
诚信文化研究院
邮政编码：100061　　投稿邮箱：zgcxwh@126.com

图书在版编目（CIP）数据
中国诚信文化．2017年．第2辑 / 中国社会主义文艺学会诚信文化研究院编．-- 北京：群众出版社，2017.4
ISBN 978-7-5014-5676-5
Ⅰ．①中… Ⅱ．①中… Ⅲ．①品德教育－研究－中国
Ⅳ．①D648
中国版本图书馆CIP数据核字(2017)第077861号

中国诚信文化

ZHONGGUO CHENGXIN WENHUA

2017年《中国诚信文化》征订单

《中国诚信文化》是文化部中国社会主义文艺学会、公安部华盛音像出版社主办，文化部中国社会主义文艺学会诚信文化研究院协办的全国性诚信文化核心读物（每季一辑）。宗旨是“弘扬诚信精神，建设诚信中国”。自2017年1月起正式由公安部群众出版社向全国公开出版发行。16开本，64页码，双色印刷。

名　　称	每辑定价	2017年4辑订阅价	份　数	合计金额（小写）
中国诚信文化	20.00元	80.00元		
合计金额（大写）			经 办 人	
订购单位全称				
订购邮寄地址				
收件人姓名			邮政编码	
联系电话				

说明：以上空白处由订户填写，邮寄（传真）或随银行汇款凭证转至：中国社会主义文艺学会诚信文化研究院。

订阅《中国诚信文化》银行汇款至

户　名：北京信诚德邦文化交流中心（有限合伙）

开户行：江苏银行股份有限公司北京总部基地支行

账　号：3233 0188 0000 2366 3

中国社会主义文艺学会诚信文化研究院

地　址：北京市东城区广渠门南小街领行国际中心1号楼2单元303室

邮　编：100061

联系人：姜凤

电　话：010-67093701　　13522408840

《中国诚信文化》征稿启事

《中国诚信文化》是文化部中国社会主义文艺学会、公安部华盛音像出版社主办，文化部中国社会主义文艺学会诚信文化研究院协办的全国性诚信文化核心读物（每季一辑）。宗旨是“弘扬诚信精神，建设诚信中国”。设16个栏目。

栏目	栏目定位
1.**特稿**	阐述本读物重要观点
2.**动态资讯**	及时报道最新高层动态、各地诚信要闻，传播立法、执法、司法等诚信信息等
3.**专题访谈**	独家策划，对社会各界人物就诚信文化理论与实践问题访谈
4.**学术研究**	社会各界对诚信文化进行研究的最新学术成果、建言献策文章，突出建议性
5.**诚信人物**	讲述各地诚信人物的心路历程和故事
6.**诚信调查**	深入一线，对社会诚信进行深度报道，探寻事实真相
7.**政务与诚信**	就政府各机构的先进诚信经验进行采写
8.**法治与诚信**	对现实的诚信案例进行法律解说；用法治故事，普及诚信文化
9.**企业与诚信**	知名企业家谈企业与诚信；大中小企业诚信文化的商战案例
10.**诚信文学**	诚信题材的散文随笔、诗歌、纪实文学、微小说等原创作品
11.**诚信艺术**	诚信题材的书法、绘画、漫画、摄影等
12.**诚信史话**	讲述历史上中外诚信人物和重要事件，突出知识性
13.**域外诚信**	介绍世界各地诚信文化建设状况
14.**封面人物**	每辑重点文章人物介绍
15.**诚信名言**	诚信文化的名言警句，突出警示性
16.**诚信文化论坛**	针对当前社会诚信突出问题，从文化角度进行探讨交流

投稿注意事项：

1.稿件标准：经验稿件要有创新性和可推广价值；理论稿件要紧扣诚信中国建设，学术性强，观点鲜明；文艺稿件要既要紧扣诚信主题，又要有艺术感染力。

2.经验稿件须加盖本单位公章，请勿一稿多投。

3.作者须提供与稿件有关的图片，图片规格为jpg格式，2M以上；论文需提供作者照片（jpg格式、1M以上），以及作者简介（100字以内）。

4.稿费标准：原创作品100～300元/千字；摄影作品10～50元/每幅。

联系地址：北京市东城区广渠门南小街领行国际中心1号楼2单元303室《中国诚信文化》编辑部

邮编：100061　　邮箱：zgcxwh@126.com

联系人：姜凤　电话：010-67093701　手机：13522408840

《中国诚信文化》编辑部

2017年1月

目 录
CONTENTS

封面人物：共和国第五任财政部部长 吴波

习近平：要抓紧建立覆盖全社会的征信系统

中共中央政治局日前就我国历史上的法治和德治进行第三十七次集体学习。中共中央总书记习近平在主持学习时强调，法律是准绳，任何时候都必须遵循；道德是基石，任何时候都不可忽视。在新的历史条件下，我们要把依法治国基本方略、依法执政基本方式落实好，把法治中国建设好，必须坚持依法治国和以德治国相结合，使法治和德治在国家治理中相互补充、相互促进、相得益彰，推进国家治理体系和治理能力现代化。

习近平指出，要运用法治手段解决道德领域突出问题。法律是底线的道德，也是道德的保障。要加强相关立法工作，明确对失德行为的惩戒措施。要依法加强对群众反映强烈的失德行为的整治。对突出的诚信缺失问题，既要抓紧建立覆盖全社会的征信系统，又要完善守法诚信褒奖机制和违法失信惩戒机制，使人不敢失信、不能失信。对见利忘义、制假售假的违法行为，要加大执法力度，让败德违法者受到惩治、付出代价。

摘自：新华网

2017 年将为 14 类职业人群建立信用记录

国家发改委相关负责人透露，2017 年，个人诚信体系建设将掀起高潮。要加快建立房地产中介、导游等 14 类重点职业人群信用记录。

国务院办公厅去年年底印发了《关于加强个人诚信体系建设的指导意见》，明确要建立重点领域个人诚信记录，并明确了 14 类职业人群要加快建立和完善个人信用记录形成机制。

这 14 类职业人群包括公务员、企业法定代表人及相关责任人、律师、教师、医师、执业药师、评估师、税务师、注册消防工程师、会计审计人员、房地产中介从业人员、认证人员、金融从业人员、导游等。这些重点人群与企业生产和百姓生活关系密切，一旦失信就会对社会造成较大影响，而且有一定示范效应，以此为突破口可以更好地推进个人诚信体系建设。

国家发改委还指出，推进个人诚信体系建设，要强调“四重”，要特别重视实名制、信息安全、信用修复、信息服务，核心精神就是保护个人的权益。

摘自：中国新闻网

中国社会信用体系顶层设计日益健全 全国信用信息共享超 7.4 亿条

日前，国家发改委召开贯彻落实信用体系建设改革性文件视频会议，通报 2016 年社会信用体系建设进展情况。国家发改委副主任连维良在会上表示，目前社会信用体系建设顶层设计和支撑条件的完备程度前，所未有。全国信用信息共享平台，归集共享各地、各部门信用信息超过 7.4 亿条，成为信用信息汇集交换的“总枢纽”。“信用中国”网站，累计访问量超过 1.3 亿人次，日访问量超过 130 万人次，成为以信用为纽带沟通社情民意的“总窗口”。

连维良还表示，城市信用是社会信用体系的最重要、最关键的部分，城市是信用建设最有条件、最有手段、最能有所作为的一级政府。希望能充分发挥城市政府作用，使我国信用建设提升到更高水平。

摘自：《经济日报》

36 个部门联手落实公路治超领域失信联合惩戒备忘录

近日，国家发展改革委、交通运输部、中国人民银行等 36 个部门联合签署《关于对严重违法失信超限超载运输车辆相关责任主体实施联合惩戒的合作备忘录》（以下简称《备忘录》）。交通运输部联合国家发展改革委、中国人民银行召开新闻发布会，就《备忘录》发布的背景、意义、内容等进行了解读。交通运输部党组成员、副部长刘小明出席发布会。

刘小明在会上指出，加快推进交通运输行业信用体系建设，加大失信联合惩戒力度，是贯彻落实党中央、国务院关于社会信用体系建设决策部署的必然要求，是建立以信用为核心的交通运输新型市场监管机制的有力抓手，是提升行业现代治理能力的重要内容。《备忘录》运用信用手段加大对严重违法失信超限超载运输行为的联合惩戒，是落实国务院联合治超工作的一项重要部署，对于进一步巩固和扩大联合治超成果，保障人民群众生命财产安全具有重要意义。要着力抓好《备忘录》的落地，不断提高交通运输行业的诚信意识和信用水平。

摘自：中国政府网

质检总局：加强质量诚信建设非常紧迫

近日，第三届“中国质量诚信品牌”论坛在北京举行。国家质检总局副局长梅克保发表讲话指出，近年来，国家高度重视诚信建设，先后出台了《社会信用体系建设规划纲要(2014—2020年)》和《关于建立完善守信联合激励和失信联合惩戒制度加快推进社会诚信建设的指导意见》，为社会诚信建设指明了正确方向，也为质量诚信建设提供了行动指南。

梅克保表示，当前，中国质量诚信建设越来越受到重视，加强质量诚信建设，任重道远，非常紧迫。梅克保认为，一方面，广大企业要树立“质量为先、诚信至上”的经营理念，切实担负起产品和服务质量的主体责任，严格执行工序标准，加强质量控制和管理，努力创造消费者信得过的高质量产品与服务。另一方面，质量主管部门要在营造公平竞争的市场环境上下功夫，把质量诚信建设列为质量提升行动的重要内容，健全质量激励和约束相容制度，强化质量守信联合激励和失信联合惩戒，让诚实守信的企业在市场竞争、质量提升、品牌建设等方面实实在在受益，让违法失信的企业一处失信、处处受限，使依法诚信生产成为广大企业的自觉行动。

摘自：中国经济网

工商总局局长：公示造假信息 让违法者处处受限

日前，十二届全国人大五次会议记者会上，国家工商行政管理总局局长张茅就“深化商事制度改革”的相关问题回答中外记者的提问。张茅表示，针对打击假冒伪劣问题，要做好三方面工作。

第一，落实好相关的法律法规。比如，《消费者权益保护法》，正在修订的《反不正当竞争法》，即将出台的消费者权益保护条例以及其他法律法规，包括《商标法》《广告法》。第二，健全社会信用体系。刚才讲到企业信用信息公示系统，把造假的企业、受到处罚的企业公示在这个系统上，使企业一处违法、处处受限。很多企业在公示系统有不良记录，那么该企业在很多方面就会受到限制。第三，加大惩戒力度。目前市场环境中，造假和其他一些不正当竞争行为的违法成本比较低。加大惩戒力度，最终建立信用系统，如果这个企业没有信用了，就不是罚款100万、200万的问题了。

摘自：新华网

个人征信模式之争愈演愈烈 或出台分类监管措施

加快企业征信体系建设的呼声，在全国政协十二届五次会议上各个界别的讨论中一直此起彼伏。全国政协委员尚福林日前在经济界参加讨论时说，资本市场上一旦有一两个企业出现问题，就会引发整个市场出现波动。

尚福林委员认为这其中有市场的原因，也有管理层的原因，他指出这种失信行为有一个特点，即一个人失信一群人受影响，一个企业出问题，影响多个企业甚至整个行业。他建议加快信用体系建设，通过立法褒奖诚信，惩治失信，通过互联网等现代电子信息技术完善征信系统。他还建议整个社会建立信用文化。他认为，社会信用不高会增加社会管理和运营的成本。

摘自：新华网

搜狗大数据登陆央视 解析国人信用环境

近日，由CCTV 2套财经频道奉献的《中国经济生活大调查　数据发布之夜》正式播出，搜狗依托自身庞大的用户积累和先进的技术，为公众提供了全新的“大数据”角度，观察当下中国的信用环境。

节目中，搜狗大数据显示：2016年人们对于信用环境的关注度比2015年上升了19%，关注群体中近70%为青年男性，且60%具有大学及以上学历；全国范围看，广东人对于信用环境相关内容最为关注，占比达到12.32%，其次是山东人，占比达8.93%、位列第三的则是江苏人，占比达6.76%；大众最关注的内容排名前三位的分别是“第三方支付实名认证”“企业征信”以及“个人征信”。除此之外，关注信用体系内容的人群对理财、健身、购车有着浓厚的兴趣。

摘自：央视网

2016年债无忧年会暨诚信文化研讨会专辑

“诚信红黑榜”与诚信文化的力量

文／易孟林

非常高兴能够借《中国诚信文化》战略合作伙伴债无忧年会暨诚信文化研讨会召开的机会，和大家就诚信文化进行交流探讨。我谈三个问题和一个愿景。三个问题：一是诚信到底有多重要？二是“诚信红黑榜”是怎样产生的？三是“诚信红黑榜”究竟有多大威力？一个愿景：以诚信文化的力量助推中华民族伟大复兴的中国梦早日实现。

一、诚信到底有多重要

我国春秋晚期的思想家老子说过：“人无信不立，国无信则衰。” 元代末期刘伯温著的《郁离子》记载了一个富商的悲剧故事，是因失信而身亡的例子。济阳有个富商，过河时船突然下沉，便大声呼救。有个渔夫闻声而至。富商喊道：“快救我，给你一百两金子。”待被救上岸后，富商却翻脸不认账，只给了渔夫10两金子，说：“你一个打鱼的，一辈子都挣不了几个钱，突然得十两金子还不满足吗？” 渔夫见他不守信，出尔反尔，只得快快而去。可谁知后来那富商再次过河时又遭遇翻船。有人正要去救，那个曾被骗过的渔夫说：“他就是那个说话不算数的人！”于是没有人愿意过去相救，富商最后被淹死了。而西周末代君主周幽王“烽火戏诸侯”的闹剧，则是因失信而亡国的例子。周幽王为博取宠妃褒姒一笑，下令在都城附近20多座烽火台上点起烽火。烽火是边关报警的信号，只有在外敌入侵需召诸侯救援时才能点燃。结果诸侯们一见烽火便率兵迅速赶到，听到的却是一阵阵奏乐和歌声，等弄明白原来是君王在放烟火玩儿后便愤然离去。褒姒看到乱哄哄几路兵马来了又走了，不解，便问幽王。幽王说了原委，褒姒终于开心一笑。五年后，犬戎大举攻周，幽王再燃烽火而诸侯未到，因谁也不愿再上第二次当了。结果幽王被逼自刎，而褒姒也被俘虏。

完全可以说，诚信是公民的第二个“身份证”。诚信是国家强盛的基石。诚信也是各行各业生存的根本。诚信是社会问题，是广大人民群众获得幸福感的前提和基础。因此，诚信是全社会自下而上的要求。

诚信的“四大重点领域”：政务诚信、商务诚信、司法公信和社会诚信。就企业而言，主要是商务诚信。诚信文化，属于企业的无形资产，它有力地推动着企业的发展，调动着企业员工的生产积极性，极大地影响着消费者对企业的信赖程度。这种无形资产，是企业的无价之宝。

诚信，由诚和信组成。诚，是指真诚、诚实；信，是指信任、信用和守信。诚信的当代定义，可以说是继承了中华传统诚信美德和世界各国诚信文明、适应现代市场经济发展要求的真诚无欺、信守许诺的心理意识、原则规范和行为活动的总和。诚信不仅是个人的美德和品质，而且是社会的道德原则和规范；既是内在的精神和价值，也是一种外在的声誉和资源。诚信是道义的化身，同时也是功利的保证或源泉。

总之，诚信是一切道德的根基和本原。在当今中国，诚信则已成为24字社会主义核心价值观的重要组成部分，是社会主义市场经济的基础。

二、“诚信红黑榜”是怎样产生的

这是一个自上而下的国家行动。由最初的信用“黑榜”的出现，到“诚信红黑榜”的产生，反映了我国建立诚信社会的巨大决心和信心。

2010年7月1日，《最高人民法院关于限制被执行人高消费的若干规定》发布，规定了9条限制高消费的措施。2013年1月21日，国务院发布了《征信业管理条例》，明确了对企业等组织的信用信息和个人的信用信息进行采集、整理、保存、加工，并向信息使用者提供的管理办法。2013年7月16日，《最高人民法院关于公布失信被执行人名单信息的若干规定》发布，强调失信被执行人名单信息将“录入最高人民法院失信被执行人名单库”，并“通过报纸、广播、电视、网络、法院公告栏等其他方式”，定期向社会公布。2014年3月20日，中央文明办、最高人民法院、公安部、国务院国资委、国家工商总局、中国银监会、中国民用航空局、中国铁路总公司八部门共同签署了《“构建诚信、惩戒失信”合作备忘录》，就限制失信被执行人高消费行为和采取其他信用惩戒措施达成意见，正式拉开了联合惩戒失信被执行人的序幕。这便是最初的信用“黑榜”情况。

2014年7月23日，中央文明委印发了《关于推进诚信建设制度化的意见》，就着力推进诚信建设制度化、规范化、长效化作出明确规定。该意见指出，要建立诚信红黑名单制度，把恪守诚信者列入“红名单”，把失信违法者列入“黑名单”。各地各部门自此相继出台措施，建立“红黑榜”发布制度，推进诚信建设制度化，构建守信激励和失信惩戒机制。2016年5月30日，《国务院关于建立完善守信联合激励和失信联合惩戒制度 加快推进社会诚信建设的指导意见》发布，明确指出要“规范信用红黑名单制度。不断完善诚信典型‘红名单’制度和严重失信主体‘黑名单’制度，依法依规规范各领域红黑名单产生和发布行为，建立健全退出机制。在保证独立、公正、客观前提下，鼓励有关群众团体、金融机构、征信机构、评级机构、行业协会商会等将产生的‘红名单’和‘黑名单’信息提供给政府部门参考使用”。这就是“诚信红黑榜”的由来和发展进程。目的是既使诚信缺失者得到惩戒，也让守信的个人和企业得到认可和回报。

以上一个个措施的相继出台，充分展现了党中央、国务院高度重视建设诚信社会顶层设计的战略布局。

三、“诚信红黑榜”究竟有多大威力

目前，我国大量存在的“欠债不还”、法院判决不能执行到位等现象，表明当代诚信的缺失已经到了相当严重的地步。

诚信文化建设，企业是重头。“诚信红黑榜”作为诚信文化建设的重要组成部分，抓住企业这个牛鼻子，对那些进入“红榜”的守信企业予以激励，对那些进入“黑名单”的失信企业和个人严加惩戒，具有极其鲜明的导向作用，十分有利于全社会诚信文化的形成、发展和繁荣。对进入“诚信红黑榜”的企业和个人，主要的奖惩措施有：一方面，推动政府有关部门在市场监管和公共服务的市场准入、资质认定、行政审批、政府扶持、政策享受等方面实施信用分类监管。支持信用产品应用，对诚实守信者实行优先办理、简化程序、“绿色通道”和重点支持等激励政策。在建设项目投标、政府采购、国有企业采购、国有土地使用权出让、国有产权交易及物业管理招标中，企业的诚信记录被列入投标人资格审查的条件。另一方面，开展专项整治行动，协调卫生计生、商务、工商、公安、食药监等部门在食品药品生产、销售企业开展联合整治行动，重点打击制售假冒伪劣、消费欺诈、虚假广告、偷税漏税等违法违规行为。

而最为强有力的措施，则是信用联合奖惩机制。例如，中央八个部门和企业会签了《“构建诚信、惩戒失信”合作备忘录》。它规定了信用惩戒的对象为两类人：一是最高人民法院失信被执行人名单库中所有的失信被执行人；二是被法院发出限制高消费令的其他被执行人。失信被执行人，是自然人时，即被执行人本人将受到惩戒；是单位时，则其法定代表人、主要负责人、影响债务履行的直接责任人均将受到惩戒。

信用惩戒的具体范围。主要是三个方面：一是禁止乘坐飞机、列车软卧；二是限制在金融机构贷款或办理信用卡；三是失信被执行人为自然人的，不得担任企业的法定代表人、董事、监事、高级管理人员等。

信用惩戒的实施方式。由最高人民法院通过光盘、专线等手段，向签约各方推送失信被执行人名单。相关部门收到名单后，在其管理系统中记载包含相应惩戒措施等内容的名单信息，或者要求受监管的企业或单位实时监控，进行信用惩戒。在媒体广泛发布，对失信被执行人形成强大的舆论压力，营造构建诚信、惩戒失信的浓厚氛围。

尤其是2016年1月最高人民法院等44部门签署了《关于对失信被执行人实施联合惩戒的合作备忘录》，共提出55项惩戒措施，从更大范围对失信被执行人进行惩戒；2016年9月中办、国办又印发了《关于加快推进失信被执行人信用监督、警示和惩戒机制建设的意见》，更进一步加强了惩戒失信被执行人的力度。

以上措施，极大地打压了失信被执行人的生存空间，使其付出应有代价，从而促使其自觉履行债务，并教育和引导其他被执行人遵守诚信。

与此同时，建立健全常态化的“诚信红黑名单”发布制度。在金融、财政、公安、环保、建设、商务、工商、税务、质检、海关、知识产权等部门和领域，完善失信信息记录和披露制度。发布时间：一般采取每季度更新一次。也有随时更新的。发布平台：主要是通过报纸、广播、电视、网络、微信等媒体集中发布。以此加大“黑名单”曝光力度，把失信者“拉黑”，使失信的企业和个人在市场交易中受到制约，形成市场性惩戒，使失信者成为“过街老鼠”，无处藏身；对严重危害社会的违法失信行为，则由司法部门追究民事或刑事责任，并建立与失信惩戒要求相适应的司法配套体系。而对守信的企业和个人，则给予优惠和便利。

总而言之，诚信文化建设通过“诚信红黑榜”这样一个威力十足的实打实的举措和行动，规范着人们的行为，使社会风气得到切实好转，赢得了老百姓发自内心的拥护和信任。

四、以诚信文化的力量助推中华民族伟大复兴的中国梦早日实现

诚信文化是社会软实力的重要组成部分。从行为主体来看，

诚信文化可分为四种类型，即政府诚信文化、司法诚信文化、企业诚信文化和公众诚信文化。一个社会缺失上述任何一种诚信文化，都不能称为诚信社会。

建设诚信文化，有诸多途径。比如，挖掘诚信建设的先进典型，推出一批有影响的诚信人物、诚信企业，宣传其诚信建设的先进经验。开展“诚信示范店”“星级文明信用户”“诚信纳税日”等诚信主题创建活动。又如，通过经典诵读、诚信讲堂、论坛讲座、展览展示等形式，弘扬传统诚信美德，用传统诚信文化教育群众。还有，在学校设置诚信教育课，完善大中小学有机衔接、循序渐进的课程体系和教材体系，推动诚信教育进教材、进课堂、进学生头脑。从娃娃抓起，从校园抓起，将诚信真正融入每个人的基础道德意识和观念。还有，积极推进信用立法工作，探索把地方、行业行之有效的管理经验上升为法规制度，制定诚信建设地方性法规、行政规章和规范性文件。

2014 年 6 月 14 日，国务院发布了《社会信用体系建设规划纲要（2014—2020 年）》。这是根据党的十八大提出的“加强政务诚信、商务诚信、社会诚信和司法公信建设”和党的十八届三中全会提出的“建立健全社会征信体系，褒扬诚信，惩戒失信”等党和国家一系列建设诚信社会的要求制定出来的。这从国家层面为我们的诚信社会建设规划了路线图和时间表。

2016 年 6 月 25 日，中国科学院中国现代化研究中心在京发布了《中国现代化报告 2016：服务业现代化研究》。该报告建议在中国启动诚信文化建设工程，全面建设先进服务文化和诚信社会。报告中提出诚信文化建设的目标：力争用 15 年时间（2015 ~ 2030），全面确立诚信意识，健全完善诚信法规，诚实守信成为自觉行为；违背诚信引发的社会冲突和法律案件的数量和比例持续下降，服务部门的诚信水平和服务能力接近发达国家水平，建成高质量的诚信社会。该报告在诚信文化建设的举措方面，建议有关部门发布《诚信宣言》：“诚信社会，从我做起。不说假话，不做假事，言行一致，诚实守信。”完善社会信用体系，提高“失信行为”的机会成本，增强诚信的激励机制；建立企业“信用资产负债表”预警机制；建设一批非营利的诚信服务中心和诚信服务平台等。

诚信文化建设工程的启动，必将极大地降低中国社会的运行成本和服务经济的交易成本，也非常有利于法治中国的建设，不仅具有重要的现实社会价值，而且具有深远的历史文化意义。

2016 年 11 月 1 日，习近平同志亲自主持中央深改组（全称：中央全面深化改革领导小组）第二十九次会议，审议通过了《关于加强政务诚信建设的指导意见》《关于加强个人诚信体系建设的指导意见》《关于全面加强电子商务领域诚信建设的指导意见》，对政务诚信、社会诚信和商务诚信建设方面提出了最新的指导方针，标志着中国的诚信社会建设进入了一个崭新的发展阶段。

孔子曰：“人而无信，不知其可也。”建设诚信文化，是实现中华民族伟大复兴的中国梦的战略举措。这是一项长期而艰巨的任务。需要举全社会之力去抓，更需要全社会广泛关注和积极参与。各位朋友，《中国诚信文化》读物即将在本月中旬向全国公开出版发行，这本由文化部中国社会主义文艺学会和公安部华盛音像出版社共同主办的诚信文化核心读物的面世，必将有力地推动中国诚信文化的发展与繁荣。我们相信，通过全社会的共同努力，积极营造守信光荣、失信可耻的社会舆论导向，形成一个不敢失信、不能失信、不想失信的制度环境和“讲诚实、重信用、守承诺”的社会氛围，必将有力地助推法治中国建设，也必将有力地助推中华民族伟大复兴的中国梦早日实现。让我们大家共同努力！

（本文作者系中国法学会法制文学研究会执行副会长）

2016年债无忧年会暨诚信文化研讨会专辑

诚信与文化是一对“情侣”

文／丁文

诚信又可以称之为“信诚”或称“诚与信”。诚信和文化的结合，在中华民族有着源远流长的历史，我国许多著名思想家、社会学家、法学家，都对诚信有过精辟的论述，留下许多脍炙人口的有关诚信文化的经典名言。大圣人孔子认为：如果需要在“足食、足兵、足信”三者中选一重点，“足食”、“足兵”均可以放下，而唯独“足信”不可动摇。《左传》中有言：“信，国之宝也。”把诚信视为治国之根本法宝，是中华诚信与中华文化结合的最高境界。历史名人王安石也认为：“自古驱民诚信，一言为重百金轻。”大学问家对诚信的认识，就是中华诚信文化的浓缩和聚焦，是中华几千年诚信与文化共同成长发展的历史记录。可以说，诚信与文化的紧密结合融为一体，锻造了中国诚信文化的独特和厚重，诚信作为中华民族一种积极向上的传统文化，给中国五千年的文明史增添了许多绚丽多彩的华章，书写出众多脍炙人口、耐人寻味的历史典故。

诚信文化是中华民族文化最重要、最值得炫耀的文化精华。诚信不仅仅是个人必备的优秀品质，更是立人之本、齐家之道、交友之基、为政之法、经商之魂、强国之源。唐代名臣魏征曾说：“夫妻有恩矣，不诚则离。”一个家庭中夫妻之间如果彼此缺乏诚信，互无信任作为家庭维系的基础，家庭必然四分五裂。这个理论至今也在不断被印证。家庭如此，朋友又何尝不是这样。前几年，我听到一个借钱的故事。一位成功女士在外出旅游中，突发在旅游景点附近购房的念头，苦于没有半点儿思想准备，没能够带一批资金在身边，也没有带银行卡，于是她想到自己的众多朋友，决定找几个最要好的朋友借钱，解决购房的首付。她也想通过此举，测试一下自己在闺蜜中的诚信度怎样。打定主意，她立马给三位有可能借得出钱的朋友发微信，商借一笔巨款，声明半年内一次性还请。一天后，这位成功女士终于收到朋友的反馈信息，结果惊人相似，三位好友言明不同理由并告知：对不起，不借！之后，该女士打消购房念头，回家后请几位朋友聚餐，好问明缘由。朋友们说：如今社会上骗子太多，信息泄露成常态，假冒朋友名义诈骗的例子层出不穷，一个短信就敢借巨款，你的想法太天真。如果真是你要借，首先得给我们电话，然后再发微信。这位女士觉得朋友们说得对，当今社会上不诚信现象比比皆是，害人之心不可有，防人之心不可无呀！这位女士因社会不诚信现象耽误了购房的计划倒没什么大碍，如果是真正有难却被耽误了可是要出大事，甚至导致人生悲剧的发生。想想不讲诚信有多么可怕！

诚信在行业之间、单位之间、家庭之间、国家之间都是一种衡量的标尺，是否能够交往和合作，相互之间的信任度是最起码的衡量因素，是做人做事的基准点。

诚信在为政为官、经商合作上尤为重要。为政不诚信，长官言之无信，必将政通阻隔，政令不通。官民间无诚信，必然官不像官，民不像民，江山社稷迟早得地动山摇。我们常常从媒体中了解到农民工进城打工不能按时按量得到自己的劳动报酬，经常被老板坑蒙拐骗，故意拖延支付工资报酬，导致处于弱者的农民工不得不上法院打官司。这种不见诚信，唯利是图的老板，不但事业不能够发达兴旺，还必然会被自己不诚信的雕虫小技弄得身败名裂，失去社会认同，失去人气、财气、运气，最后只能做孤家寡人，臭名远扬。

早在改革开放初期，我与西北一位中型家族企业主讨论过一个问题：为什么国内家族企业大都是三年五年就不行了？我们在交谈中得出三个结论：一是知识层面不高，厚积薄发无力；二是用人不当，重家族、重亲情、轻视能人、发现不了高人，惧怕外人当政，害怕钱流入别人荷包；三是没有支撑企业发展的企业文化，企业在经济大潮中随波逐流，无主心骨。由于这三个方面的原因，国内家族企业只能够陷入命运不长的泥潭。因为有经验、有知识、有胆识、有远见的现代企业人才难以在家族企业掌舵，难以进入决策层面，说白了就是对家族以外的人没有诚信、不讲诚信、不愿诚信，也看不到家族以外人员的诚信，更不能培养家族以外人员的诚信。由此可见，企业诚信、经营诚信是企业兴衰的根本所在，是企业发展的关键环节。培养企业诚信文化，造就企业诚信文化，是所有企业的长远大计。

诚信与文化是紧密相连的，诚信在文化中形成、升华、重生、发光，文化为诚信发展创造了机会，文化丰富了诚信的内容，文化推动诚信趋向更加完美。而诚信又担纲文化的灵魂与核心，没有诚信诠释的文化，是缺乏生机和活力的文化。诚信与文化的结合，犹如一对“情侣”，成就了诚信文化。诚信文化是强国、强政、强法、强民的需要，是中国进一步走向繁荣昌盛的文化保障，是中国自立于世界民族之林的文化支撑。

党的十八届中央委员会提出诚信文化要走向国家层面倡导的优秀文化，要求全党全民“要讲社会诚信，构建社会诚信体系”。把诚信文化倡导上升到国家意志的战略层面，构建国家诚信制度，对不诚信的现象和行为，运用法律法规手段实行制裁，这是诚信文化在我国发展的新高峰、新起点。作为一名法治文化工作者，在这场社会诚信大构建、大倡导、大创新中，理应为国家诚信体制、机制的建设，为国家诚信文化的繁荣做出应有的贡献，为倡导诚信摇旗呐喊，大声疾呼，尽快推动诚信文化的普及化和大众化。运用法律法规利器，及时制裁不诚信的现象和行为，通过法治治理，张扬诚信正气，扶助诚信文化。

（本文作者系最高人民法院咨询委员会原秘书长）

2016年债无忧年会暨诚信文化研讨会专辑

愿“债无忧”成为常态

文／吴高盛

法律上的债，是指按照合同的约定或依照法律的规定，在当事人之间产生的一方享有请求他方为或不为特定行为的权利义务关系。日常人们说的债，主要是他人欠自己的财物。“欠债不还”，或者“欠债难还”是当前经济活动中时常发生的现象，与社会诚信缺失有直接关系。

一、诚信缺失成为带有一定普遍性的社会现象

诚信，主要包括个人诚信、企业诚信和政府诚信。个人诚信、企业诚信和政府诚信之和可以称为社会诚信。社会诚信缺失大量地表现为不讲真话、不守信用、没有信誉、弄虚作假、坑蒙拐骗、商业欺诈、网络诈骗等，已渗透到社会生活的方方面面，已经成为影响经济社会健康发展的一个突出问题。

二、诚信缺失的主要原因

诚信缺失的原因可能从社会经济、政治、伦理道德很多方面进行分析。概括来说，主要有以下几个原因：

1. 追求利益，唯利是图、竞争无度的市场经济的消极影响是诚信缺失的经济因素。

2. 损人利己、见利忘义、物欲横流的价值观念的扭曲是诚信缺失的精神因素。

3. 有法不依、执法不严、法不责众的执法环境的变相宽宥是诚信缺失的法律因素。

三、诚实信用不仅是道德规范而且是法律规范

诚实守信，是中华民族优秀的传统文化的组成部分，是社会基本道德准则。诚实信用，不仅是市场经济的道德要求，而且是做人的起码道德规范。孔子说过“言必信，行必果”，还说“与朋友交而不信乎”。信用是立身之本，为人之首。中国古语“无信不立”，“信”是做人的起码行为规范。“言之所以为言者，信也；言而无信，何以为言？”中华民族是礼仪之邦，其中“礼”包括“信”。“礼所以观忠、信、仁、义也……”（《国语·周语上》）人无信不立。古代经商，讲“童叟无欺”，讲“君子爱财，取之有道”，就是讲经商要讲诚信。以诚信为本，社会才会和谐。一个不讲诚信的人，很难立足社会。对人是这样，对国有企业是这样，对民营企业也是这样。在市场经济体制中，市场主体只有以诚信为本，经济活动才能正常运行，经济才能有序健康发展。企业无信则衰。一个不讲诚信的企业，很难立足市场。不讲信用不仅是不道德的，也是短视的，鼠目寸光，井底之蛙，虽然有可能得逞于一时，但决不会长远，到头来，不仅会身败名裂，还会受到法律的追究和受到经济上的处罚，构成犯罪的，还要承担刑事责任。

我国民法通则第四条规定，“诚实信用”是民事活动应当遵循的原则；反不正当竞争法第二条规定，“经营者在市场交易中，应当遵循自愿、平等、公平、诚实信用的原则，遵守公认的商业道德”；合同法第六条规定，“当事人行使权利、履行义务应当遵循诚实信用原则”。消费者权益保护法、商业银行法、票据法、担保法、保险法、拍卖法、合伙企业法、证券法、个人独资企业法、招标

投标法、信托法、广告法、价格法等十几部法律都明确规定了“诚实信用”原则。诚实信用原则在经济活动中被称为“帝王”条款，具有至高无上的地位，是所有生产经营者都必须遵守的法律规范。

四、努力打造符合市场经济要求的诚信道德惩戒机制

建设诚实信用的经营环境，一靠道德自律，二靠法制保障。我国已经把诚实信用作为市场经济活动的一个原则在多部法律中作出规定。但这还不够，还必须制定信用制度方面的专门法律制度，加强社会信用建设，建立企业、组织和个人的信用档案，要在全社会建立诚实信用受益、失信者受损，违法者受惩的机制，保障市场经济秩序。国家要从诚信建设的实际出发，制定信用方面的法律法规和规章。要把信用制度建设上升到是发展先进生产力、保护人民根本利益的重要举措（诚实信用本身就是先进文化的组成部分）。司法机关要严格依法办事，坚决反对地方保护主义，依法打击和处理各种违反诚信原则的违法犯罪行为，保护公平的竞争秩序。

法律惩罚的只能是违法犯罪，对于情节轻微或者不道德的损人利己的行为，法律上一下子很难追究责任，或者追究起来成本很高，需要运用道德舆论信用评价等手段来惩治。在经济方面，目前对失信企业联合惩戒机制的规范性文件主要有：国务院的行政法规《企业信息公示暂行条例》《国务院关于促进市场公平竞争维护市场正常秩序的若干意见》（国发[2014]20号），发改委、工商总局、中央精神文明建设指导委员会办公室等38个部门联合印发的《失信企业协同监管和联合惩戒合作备忘录》（发改财金[2015]2045号），发改委、证监会、人民银行等22个部门联合发布的《关于对违法失信上市公司相关责任主体实施联合惩戒的合作备忘录》（2015年12月24日），发改委、最高法院、中国人民银行等44个部门联合印发的《关于对失信被执行人实施联合惩戒的合作备忘录》（发改财金[2016]141号），这些文件，根据现行法律法规、部门规章梳理整合形成90项具体惩戒措施，惩戒范围包括30多个重点领域，有的地方，企业在银行贷款、上市融资、政府采购、招标投标、国有土地转让、纳税百强评比、经济类劳模审查、企业合作风险评价等方面起到惩戒作用，“一处违法，处处受限”的联合惩戒功能已经显现。

不仅公民个人和企业要讲诚信，政府也要讲诚信，政府要严格执法，建立公开、公平、公正的行政管理体制，这样才能取信于民。在古代，“君无戏言”，是人民对统治者操守的要求之一。历史上，聪明的统治者都很明白取信于民对于维护统治、推行政令的重要性。战国时期，商鞅在秦国帮助秦孝公改革，怕老百姓不信任他，担心新法令会“有法不依”，就在都城南门竖了一根木头，下令说，谁能把这根木头扛到北门去，就赏十两金子。大家都不相信，认为这根木头谁都能拿得动，怎么会给十两赏金？没有人去搬木头。商鞅就把赏金提高到五十两。最后有一个跑出来把木头扛到了北门，商鞅立刻赏给他五十两金子。这件事传开了，大家都知道商鞅说话算话，于是新法令一下子就得到了执行。（《史记·商君列传》）

我们的政府，是人民选举出来组织管理国家事务的机关，其本质是为人民服务的，必然是对人民讲信用的政府。我们的宗旨是为人民服务，更要取信于民。行政许可法有一条“信赖原则”，就是讲政府的行政许可不能随意取消。要加强政府部门及其工作人员的法律意识，政府机关工作人员要依法行政，取信于民。有法不依，执法不严，是最大的失信于民，特别是有些法规、规章相互之间矛盾冲突，公民法人无所适从，必须抓紧清理修改，继续推进行政审批制度改革。政府要在管理机制和体制上下功夫，与时俱进，把职能转变到宏观调控、市场监管、社会管理和公共服务上来。

五、严格执法运用多种手段解决欠债不还的问题

目前现实中的欠债可以分为恶意欠债和非恶意欠债。恶意欠债是指主观上故意采取各种方法和手段把别人的财物据为己有，或者供自己使用，其中有相当多的与违法犯罪有关。非恶意欠债多是指在正常的借贷关系或者经营活动中，由于某种原因难以按照约定的时间或者条件偿还他人的债务。对于恶意欠债，特别是坑蒙拐骗、假冒伪劣、商业欺诈、网络诈骗等违法犯罪行为，要加强监管，严厉打击，依法惩治，清除经济活动中的毒瘤，保护公民法人的合法权益。对于非恶意欠债，可以通过和解、调解、仲裁、诉讼等方法来解决，还可以通过互联网＋和解＋调解＋销债商城等创新模式来解决，使债权人不因欠债而忧虑，使债务人不因还不起债而忧愁，从而使得天下“债无忧”。

（本文作者系全国人大法工委立法室原主任）

2016年债无忧年会暨诚信文化研讨会专辑

关于诚信文化对税法实施的影响

文／易运和

用“债无忧”作公司的注册名称颇有创意，也具有象征意义。如果全社会成员都能受到诚信文化的熏陶滋养，在处理人与人的各种关系时多一份诚实、多一份善意、多一份爱心、多一份包容，诚信度普遍提高，债无忧才有可靠的基础。所以，我认为把债无忧公司的年会和诚信文化研讨会放在一起开是一个巧妙的组合，必能有很好的成果给与会者以诸多启示和思考。在今天这个研讨会上，我想以一名老税收理论研究者和实际工作者的双重身份谈谈关于诚信文化对税法实施的影响。

以习近平同志为核心的党中央，在带领全党全国各族人民为实现中华民族伟大复兴的中国梦的奋斗中，形成了完整的社会主义核心价值观。文明、和谐、公正、法治、诚信、友善是其中的重要内容。古老的中华民族自古以来就倡导人无信不立，国无信不治，社会无信则必然天下大乱。孔子就曾说过，“道之以政，齐之以刑，民免而无耻；道之以德，齐之以礼，有耻且格”。意思是说，用行政命令来治理，用刑法来处罚，人民虽然能避免犯罪，但是不是从内心知道犯罪是可耻的；用道德教化来治理，用礼来约束，人民就会有羞耻之心，而且会自觉地改过。也就是主张德治和法治要很好结合，相辅相成。

国务院去年发布了《关于加强政务诚信建设的指导意见》，明确要建立健全各级人民政府和公务员失信记录机制，将各级人民政府和公务员在履职过程中，因违法违纪、失信违约被司法判决、行政处罚、纪律处分、同问责处理等信息都纳入政务失信记录。这是在彰显政务诚信的引领作用所迈出的重要一步，有着积极和重要意义。

政务诚信是社会诚信体系建设关键的一环，因为政务诚信水平对其他社会主体诚信建设有重要的表率和导向作用。但是，无论是政务诚信建设，还是整个社会信用体系建设，都必须有诚信文化的滋养、熏陶、引领、促进。否则，忠厚、淳朴、诚实、守信难以不断发展提升直至全社会蔚然成风。我认为税收诚信文化建设是整个诚信文化建设的有机组成部分，所以，今天想专门谈谈这个问题。

众所周知，国家税法的实施和税收的征收管理涉及代表国家权力的税收机关和为国家贡献财政收入的纳税人。改革开放以来，随着我国经济的迅速发展，随着我国税制改革的不断深化，随着人民福祉和生活水平的大幅提高，国家税收的增长速度和绝对额都相应大幅度提升。这正是征纳双方受诚信文化滋养和熏陶而不断提高诚信水平的结果。

从税收部门看，正是因为认识到了纳税人是投资者和劳动就业的提供者，也是各种商品和服务的供应者，更是国家税收的贡献者，是我国经济社会得以持续发展，人民福祉和生活水平提高的重要源泉和支撑，因而真心实意为纳税人服务的意识和水平不断增强，执法水平明显提高，征纳双方日益和谐，也日益赢得纳税人的理解、信任和尊重。

从纳税人方面看，经过改革开放后在国内国际市场的搏击，经营素质和经营水平逐步提高，法治意识也在增强，为国家贡献税收的责任感和光荣感也在增强，特别是感受到由于国家提供的公共产品日益增多，享受到的税收优惠也日益增多，税收日趋公开、公正、公平，对纳税人的创新能力、竞争能力和扩大经营规模，参与国际市场竞争实力多有助益，守法经营、诚信纳税意识明显增强，各具特色的企业文化建设也在不断推进，偷逃税收的行为日渐减少，暴力抗税的恶性案件更是绝少发生。虽然也仍有个别纳税人图谋通过弄虚作假经营和偷逃税收实现个人利益最大化，但由于税务部门的“金税工程”已提升到了三期，“互联网＋税收”发挥了巨大威力，弄虚作假的经营行为和偷逃税收的图谋越来越难以施其伎俩，而且违法成本和代价越来越高。在这里，我仅就诚信纳税和采取各种欺骗手段逃税、骗税、偷税所造成的不同结果举正反两例，来说明诚信文化和诚信纳税的重要意义。

先讲一个坚持诚信纳税的例子。一个叫林永 的韩国人，在中韩两国尚未建立外交关系时，就在韩国一个民间机构的组织下，来到山东青岛注册了一个托普顿公司，以生产扬声器为主，产品主要销往韩国和日本。由于是山东省第一家、全国第二家韩资企业，享受了当时两年免税三年减半征收的税收优惠，企业发展很快。由于它的产品主要外销，又获得了出口退税的优惠。对于纳税，林老板强调严格遵守中国税法，按期如实申报，在纳税的问题上半点儿也不含糊。他认为市场经济是信用经济，只有诚实守信企业才能壮大发展，而诚信纳税是企业发展的需要。所以，几十年来托普顿公司一直被税务部门评为青岛市诚信企业、山东省诚信企业和 A 级纳税信用等级企业。从 2004 年至 2014 年该公司获得出口退税 1.17 亿元，2014 年当年缴纳税款 996 万元。现在，林永 本人已获中国绿卡，并当选为青岛韩国商会会长，他的企业已跻身韩国扬声器行业的前三甲。

再讲一个反面的例子。在江苏省常州市，有一户成立于 2009 年经营进出口业务的 A 公司（对于这类不光彩的企业，我们都不直呼直名，用字母代替），它经营服装、家具、皮革等多种商品的进出口，国内供货地主要集中在山东、河南、河北、云南等地。报关出口地则主要在深圳。税务部门通过对税收征管数据和退税情报信息的分析，发现其有重大骗取出口退税嫌疑。由于该案涉及地域广，涉及相关企业和人员数量多，决定采取税务公安联手办案的方式。经过税务公安的共同努力，认真稽查了 28 家代货公司，又详细查对了 583 份海运提单，最终证实，两家主要涉案公司的海运提单均为假单，涉及出口金额 8602 万美元，占两家公司出口金额的 73%。最终抓捕 8 名主要骗税嫌疑人，对刘某等 3 人分别判处 10 年以上有期徒刑并处罚金。该案出口企业虚报出口金额 1.18 亿美元，骗取出口退税 1.07 亿元人民币。骗税的下场是 铛入狱，可谓人财两空。

由此可见，是否守信用，是否诚信纳税，法人和自然人都应有充分认识和高度重视。为了使更多的纳税人成为诚实守信的纳税人，税务部门通过推动建设税收法治文化、税收诚信文化和其他许多具体措施，对纳税人进行宣传、激励、引导。如对纳税人进行信用等级评定，同企业签署税收遵从协议，制定诸多对诚信纳税人的优惠和对逃、骗、偷纳税人的惩戒等措施。现在，守法经营、诚信纳税的人越来越多。在我国经济增长速度放慢的新常态情况下，税收仍能保持稳定增长，税收收入任务仍能较好完成，同这方面因素是有联系的。

在诚信文化的滋养和熏陶下，政务诚信、征纳税诚信和整个社会诚信体系正在不断完善和提升，这是不争的事实。但是，我国社会目前仍存在欺诈、拐骗、偷盗甚至暴力抢劫和图财害命等丑恶现象，由于来自各方面的诱惑太多，这种状况是不可能一个早上就销声匿迹的。正因为如此，要大力推进诚信文化建设，更好地发挥诚信文化在提高人们道德素养和诚信水平的作用。让我们大家共同努力，担当起诚信文化与法治中国建设的使命和责任。

“债无忧”公司在探索用一种全新的思维，在维护债权人、债务人双方尊严和权益的前提下，和谐地化解社会的债的矛盾和危机，这有利于用多种形式化解社会的隐患和不安定因素，值得称道。祝你们在这方面创出一条新路，我用你们在会标上的两句话结束今天的发言“携手前行，再创辉煌”！

（本文作者系国家税务总局原司长）

2016年债无忧年会暨诚信文化研讨会专辑

弘扬诚信文化　建立诚信公安 努力提高公安机关执法公信力

文／刘树根

人无信不立，政无信不威。诚信是社会主义核心价值观的重要内容。大力弘扬诚信文化，提高公安机关公信力是坚持依法治国和以德治国相结合，推进国家治理体系和治理能力现代化的必然要求。公安机关是武装性质的国家治安行政力量和刑事司法力量，担负着行政执法和刑事司法双重职能，公安工作执法公信力如何直接反映政府的法治形象，直接体现国家的法治文明程度。

一、建设诚信公安是建设社会主义法治国家的基本要求

诚信公安建设是国家法治建设的基础和重要支柱，诚信公安实践是中国特色社会主义法治实践和精神文明建设实践的重要组成部分，涵盖了立法、执法、司法、守法各个领域，其实质是法治信仰、法治精神、法治原则在整个公安工作领域全面深入贯彻的实践过程。当前，我国正处在改革攻坚期、社会转型期和矛盾凸显期叠加的特殊历史阶段，利益格局深刻调整、各种利益关系错综复杂、群众诉求日益多样，特别是随着我国经济社会发展进入新常态，维护国家安全和社会稳定工作呈现出不少新变化、新特点，社会治理面临许多新情况、新挑战，比如“一切向钱看”，不择手段坑蒙拐骗。例如：关系我国13亿多人口身体健康和生命安全的食品问题。又如：诈骗呈现出鲜明的“群体”犯罪特点，利用新兴的电信及网络平台实施诈骗，某县120万人口，从事电信诈骗的就有3000多人。解决这些新问题既需要从法律层面上予以保障，又需要从道德层面进行提升。只有坚持把“言必信，行必果”的诚信精神贯穿到公安工作各个环节，不断强化法治和德治的支撑和保障作用，才能使公安工作在依法行政、公正司法的正确轨道上运行和发展。

二、建设诚信公安是推进国家治理体系和治理能力现代化的必然要求

在我们这样一个13亿多人口的发展中大国全面推进依法治国，是国家治理领域一场广泛而深刻的革命。诚信是推动有效治理的重要因素。公安机关是国家治理结构中的重要一环，担负着巩固党的执政地位、维护国家长治久安、保障人民群众安居乐业的政治责任和历史使命，在推进治国理政、实现良法善治中发挥着不可替代的作用。比如，多措并举打击身份信息泄露。互联网时代，个人信息泄露严重威胁着群众安全感，公安机关及时发布规范居民身份证使用管理公告，推动实

名制和社会诚信体系建设。同时，建成失效居民身份证信息系统并上线运作，在银行试点后提供给社会各用证部门，与政府的公民身份信息系统进行互联网核查，有效打击了身份证信息泄露犯罪活动。又如，为了进一步适应“互联网＋反拐”的时代要求，2016年5月，公安部儿童失踪信息紧急发布平台上线，建立儿童失踪信息发布的权威渠道，发动群众搜集拐卖犯罪线索。截至11月共发布儿童失踪信息286条，找回儿童260名，找回儿童比例高达90.91%。由此，立足国家治理全局建设诚信公安，就是要坚持进一步完善累积社会信任、树立执法权威的现代警务机制，切实提高运用诚信精神、诚信文化服务大局、惩治犯罪、化解矛盾、维护稳定的能力，这有利于依法治理、系统治理、综合治理、源头治理原则在公安工作中的贯彻落实，从而使公安工作在国家治理体系和治理能力现代化中发挥更加基础性、保障性作用，为国家治理体系和治理能力现代化提供坚实的法治保障。

三、建设诚信公安是提升公安机关执法公信力、维护社会公平正义的迫切要求

维护公平正义、增进人民福祉，是改革发展稳定的重要出发点和落脚点，也是全面依法治国的首要价值追求。当前，人民群众的民主意识、法治意识、权利意识普遍增强，全社会对公平正义的渴望比以往任何时候都更加强烈，对某种程度上代表公权力、代表政府的警察执法要求比任何时候都更加严苛。提升执法公信力、促进社会公平正义，是树立法治信仰、法治权威的当务之急，也是衡量和判断公安工作成效的根本标准。比如，广东健力宝集团原董事长张海案。2007年5月，张海被判刑15年，在未投送监狱执行时，法院即改判为10年，转监狱后，又两次减刑共4年1个月28天，并于2011年年初提前出狱。一个判刑15年的罪犯，仅在监狱待了4年时间就出狱了。公平正义，法治信仰，法治权威上哪儿去了？！截至2014年1月，检察机关对张海违法减刑系列案共立案24人。涉案范围波及公安、法院、司法系统及律师。因而，建设诚信公安，必须紧紧把握时代脉搏、社会关注和人民期待，进一步深化执法规范化建设，着力健全完备的执法制度体系、严密的执法管理体系、严格的执法责任体系，完善与建设中国特色社会主义法治体系相适应的执法权力运行机制，为确保严格规范公正文明执法、提升公安机关执法公信力提供有力的制度保障。

四、建设诚信公安是推进执法公开、打造阳光公安的时代要求

古人说：“诚则信矣，信则诚矣。”诚信来自内心的真诚和阳光。在当前形势下，公安工作必须适应社会开放性的要求，努力拓宽人民群众参与、监督渠道，更加注重深化执法公开，推进阳光执法。程序公正作为“看得见的正义”是实现实体正义的必要保障。无论是行政执法程序，还是刑事司法程序，都要落实“以公开为原则，不公开为例外”的要求，在遵守国家秘密和警务工作秘密的前提下，以执法办案信息公开为核心，拓展执法公开范围、健全执法公开机制，最大限度地公开执法依据、执法流程、执法进度、执法结果，切实提高执法活动的透明度，不断提升执法公开的力度和深度，有效保障群众的知情权、监督权。比如，公安监管场所，依法关押被逮捕、刑事拘留的人犯以及被行政拘留、司法拘留的人员，被强制隔离戒毒人员。过去，监管场所是封闭型管理的，人们不了解，总认为是高墙电网，森严可怖，对被监管人员是打骂、体罚加虐待。近些年来，监管场所逐步对社会开放。通过对社会开放的过程，成为联系群众、服务群众的过程；成为规范执法、文明管理的过程；成为化解矛盾，促进和谐的过程；成为树立形象，引导舆论的过程；成为锻炼队伍，提高素质的过程。赢得了社会的广泛好评。阳光是最好的防腐剂。要进一步创新警务公开方式、畅通警务公开渠道，打破封闭性，消除神秘感，把执法活动置于阳光之下，使公众即时了解执法进度，也便于实时监督执法权力的运行，使广大民警习惯于在“聚光灯”下开展工作，努力让公平正义以群众看得见的方式实现。

（本文作者系公安部监管局原巡视员）

2016年债无忧年会暨诚信文化研讨会专辑

被执行人的不诚信与司法对策

文／葛行军

最高人民法院为完成“两到三年内基本解决执行难问题”这一艰巨任务，正以摧枯拉朽之势攻坚克难，其主攻的重点即被执行人的不诚信。就此讲述三点：

一、可喜的收获

近几年来，最高人民法院针对失信被执行人，采取了一系列措施，建立执行联动威慑机制，大有收效。为此，最高人民法院与国家发改委等40余家单位联合签订了“惩戒失信合作备忘录”，并得到了党中央、国务院的支持，“两办”印发了《关于加快推进失信被执行人信用监督、警示和惩戒机制建设的意见》，推进构建“一处失信，处处受限”的信用惩戒大格局。其中对失信被执行人最有效果的主要惩戒措施有三项：

一是建立失信被执行人信息平台。最高人民法院成立执行指挥中心，加强与银行、公安、工商等部门的联系，建立了“全国法院被执行人名单信息公布与查询平台”，已有近700万名“老赖”被执行人的信息公布于此平台，列为“失信被执行人黑名单”；致其在失信之自我毁誉中痛思和尽责。此重大举措远比德国的“债务人名簿”制度还有威慑力。

二是建立限制高消费制度。全国各级法院普遍地对“老赖”被执行人采取限制高消费措施。据悉，去年，“老赖”被执行人被限制乘坐飞机的近600万人，被限制乘坐高铁、动车的达200余万人，被限制出境、出国的达6000多人次。此举无一不促使“老赖”被执行人深记其失信付出的代价，从而认真地吸取失信的教训。

三是建立人事监管机制。最高人民法院在建立执行联动威慑机制的过程中，加强同组织部门、工商部门等单位的联系，统一确定：对失信被执行人，在行业准入、政府补贴、任职资格、市场交易等方面予以严格限制，如限制其注册成立公司或担任公司的法定代表人、监事和高管人员。据悉，全国已有7万余人受到此类限制。此举有力地惩戒失信被执行人，致其不得不回归诚信，否则，其事业必不成，名利皆无。

由此可见，最高人民法院在执行程序中建立执行联动威慑机制，不但有力地惩戒了失信被执行人，化解执行难，更对全社会诚信体系的建立，具有空前的促进作用，可谓功在千秋！

二、还有可施之策

被执行人失信，多因其赖债的成本低于其因赖债而获取的利益，故为世界性的问题。因此，世界上各国《民事强制执行法》都针对被执行人的不诚信作出规定，建立相关法律制度，值得我国借鉴。诸如：

其一，代宣誓保证制度。例如，德国法律规定：在强制执行之前，“债务人应提出代宣誓的保证，并做成记录，保证他已经按自己的良心和良知作出对他要求的正确而完全的报告”；如果债务人“在举行代宣誓的保证的指定日期里不到场，或无理由拒绝举行代宣誓的保证”，则法院要“依申请应命令拘留之”，发出“拘留命令”和开始强制执行；此拘留时间为六个月，此间还可实行“被拘留人的代宣誓保证”。借鉴之而建立被执行人宣誓保证制度，为固化诚信所需，必有益处。

其二，颁发执行令状制度。例如，英国法律规定：执行程序开始时，法院应发出“执行令状”，“包括扣押债务人财产令状、占有令状、交付令状、暂时扣押令状及任何为协助前述令状的后续令状”；如果被执行人对抗这些“执行令状”，则申请执行人可申请对其“羁押”，法院可对被执行人“因犯藐视法庭罪而交付羁押”，处以刑罚。借鉴之可依据我国的《民事诉讼法》第二百四十条规定的执行通知，恢复“责令”的内容，也可使我国的《刑法》增立“藐视法庭罪”，由执行法院以自诉刑事案件审判。此必强化执行法院的司法权威，促使被执行人因惧罪而回归诚信。

其三，建立执行公法人制度。德国法律专设“对公法上法人的强制执行”制度，法律规定“对联邦或州进行强制执行时”，自“向主管的财政部长陈报之日起，四周后开始”。除此期间，如果由财政拨款则无须强制执行。借鉴之对我国各级人民政府等特定主体之执行难，自可有效地缓解，也利于人民政府诚信的彰显。

其四，建立强制执行破产制度。瑞士法律有“无在先执行程序情形下的破产宣告”制度，法律规定：执行机构“应债权人申请”和“应债务人申请”，可“通知破产法院”，破产法院便可“命令进行破产清算”。此立法例之借鉴，多年因受限于我国《破产法》的规定而无果。但现已得到喜讯：最高人民法院近期已讨论通过了“执行案件移送破产审查的指导意见”，很快就会建立起“执转破工作机制”。此必致失信被执行人在避其破产中珍惜诚信；这也会使其中的“僵尸企业”在破产重整中获得新生，恢复偿债能力；同时，也须防止失信被执行人“破产灭债”之图谋。

其五，建立执行退出机制。意大利法律规定“执行程序的消灭”，法院可因债权人“弃权”和“当事人不采取行动”而裁定“执行程序消灭”。德国则对被执行人无财产执行即“执行不能”的案件，制发“执行无结果证明”，即交由债权人保留的“债权证书”。最高人民法院曾借鉴之而推行制发债权凭证制度，后被叫停。最高人民法院杜万华专委在其署名文章中指出，“我国执行不能案件数占到未执行到位案件数的40%到50%”。这半数执行不能案件，却常常成为责批执行难的依据；最高人民法院下发《关于严格规范终结本次执行程序的规定（试行）》，规定对此类案件可“裁定终结本次执行程序”，却又不被立法机关支持。此难题之解，似可在强制执行立法中再借鉴此立法例之经验，规定给债权人制发债权证书，裁定终结执行，从而建立起全社会都应予认可的执行退出机制。

三、不可忽视的问题

最高人民法院多渠道惩戒失信被执行人，对于“坚决打赢解决执行难这场硬仗”，促进我国法治文化建设，无疑具有特殊作用。但是，笔者深感：在法治文化建设的视野中，陈旧的司法理念下的枉批执行难之声，必会长期地不绝于耳；对失信被执行人的惩戒尚未形成法律制度，在旧司法理念的影响下，被执行人的失信仍会发生。因此，须特别注意解决这些绝不可忽视的问题，概言之为“四论”。

其一，执行权力异化论。其要害有二：一是宣扬执行权是行政权，且其认为行政权比司法权更有力度，还认为“人民法院解决不了执行难问题，就应当交出执行权”；二是强调“执行权应保证一切生效法律文书确定的债权都得到实现”，甚至说“执行不能案件证明法院无能”。其中颇具影响力但却对此实则无知的一些人士，为证明这一错误理念之正确，是永远不会承认人民法院已“基本解决执行难问题”的；他们将执行不能案件中债权人的经营风险转嫁给人民法院，必定会永久地责批执行难。

其二，执行债权救济论。强

制执行权不负有替被执行人偿付债务的责任。但是，最高人民法院出台《人民法院国家司法救助工作的意见》规定：对追偿赡养费、抚养费和扶养费的执行案件，可予司法救助。此必致此类执行不能案件中的“救助申请人”激增，还可能发生当事人通谋恶取司法救助款等问题，也必致在作出“司法救助决定”的程序中产生大量的程序正义和实体公正方面的争议，增加了新的染指执行难的社会因素。

另外，在这一“执行司法救助”理念的催动下，《最高人民法院关于适用〈中华人民共和国民事诉讼法〉的解释》第483条规定：“申请执行人超过申请执行时效期间向人民法院申请强制执行的，人民法院应予受理。”这便可能使《民事诉讼法》第239条关于“申请执行的期间为二年”的规定形同虚设，会使“时过境迁”、丧失申请执行权的案件“起死回生”，必然增加执行不能案件的数量，更增加执行难度，出现新的执行难。

其三，执行立法无用论。十八年前，中发［1999］11号文件明确指示要求：“加快执行立法。最高人民法院要抓紧起草强制执行法，尽早提请全国人大常委会审议。”最高人民法院2003年即向全国人大法工委提交了一份该法的审议稿，但已沉睡至今不被审议；最高人民法院对此法律草案至今已修改了七次，却竟然不能被列入立法计划。此阻力一直来自于立法机关：不是讲“执行实践和理论研究不深入，立法条件不成熟”，就是讲“不需要单独立法，在修改民诉法中解决”。但是，可以说：我国没有一部法律的实践和理论研究比强制执行法的实践更丰富和理论研究更深入；而立法机关十八年来经过两次修改《民事诉讼法》，也只在执行篇原有三十条中增加了五条规定，少得可列为世界之最，立法严重滞后。最高人民法院周强院长提出：“加快建立失信被执行人信用监督、威慑和惩戒法律制度”，这更需立法予以规范。

“法律是优良的统治者”，是人民法院“基本解决执行难问题”不可或缺的重要条件。民事强制执行法是集程序和实体于一体的法律；执行过程中的程序“节点”和实体“节点”有300多项，均无法可依（不考虑司法解释），更无执行诚实信用的立法规定。可以断言：如果一部应列有400余条的《民事强制执行法》不能出台，“两到三年内基本解决执行难问题”的重任，便难以完成。瑞士于1874年就公布了列有350多条的《债务执行与破产法》，143年后的今天，我国的立法机关不该鉴而思过吗？

其四，司法监督至上论。人民法院的执行工作应当接受法律赋予司法监督权的机构的监督。但是，人民法院在接受司法监督的管理中，加入了更多的人治色彩，使人大代表和政协委员个人成了司法监督的主体；一些法院领导，又以牺牲法官的执业权利和执业尊荣为代价，去讨好人大代表和政协委员。表现极致的如：有的由人大代表和政协委员组成“庭审监督团”，由其在庭上环环“评议”，还要合议庭讨论其对案件的“评议意见”；还有的组织人大代表、政协委员排查法院的审判、执行已归档的案件，指出“错案”和究责；更有甚者，引入人大代表、政协委员参与执行案件工作。这些都是《人民法院报》报道过的。这主要是基于“两会”选票之困的自毁司法权威的败招，已经作茧自缚。如果不坚决地加以改变，那些由人民法院“培养”的自以为比法官还高明的人大代表和政协委员们，已经具有监督和批评人民法院的“超级才能”。他们中的许多人成为申请执行人的“代言人”后，更是不会承认执行不能案件，不会承认人民法院已“基本解决执行难问题”。此为害颇深的是：执行当事人在“相信人大代表不相信人民法官”“信访不信法”中，更无思自己的诚信。

因此，在研讨惩戒失信被执行人，解决执行难问题，促进中国诚信文化建设的过程中，应当特别重视清除与此相关的错误的司法理念。

诚实信用是我国法治文化的核心内容。人民法院惩戒失信被执行人，会同社会相关权力机关共同构建诚信惩戒大格局，也是推动构建全社会诚信体系的重大举措，这无疑更是我国诚信文化建设之重彩所在，应当得到全社会的支持和参与。

（本文作者系最高人民法院原执行办副主任）

2016年债无忧年会暨诚信文化研讨会专辑

浅谈 企业诚信文化的建设

文 / 王艳昌

当今中国正处于市场经济的发展时期，市场竞争的激烈、经营行为的短视、经营理念的冲突都会导致企业在生产经营的某些方面出现失信行为。信用的缺失，已经成为一个企业持续发展的严重制约因素。

怎样才能减少和消除失信经营行为，提高企业管理者及员工的诚信素质，建立企业诚信文化，是当前企业管理的重要内容。

一、企业建设诚信文化的必要性

诚信是中华民族的传统美德。几千年来，“一诺千金”的佳话不绝于史，广为流传。随着社会的发展变化，赋予了诚信日益丰富的时代内容，促使人们对诚信的理解从伦理道德的范畴提升到制度建设的层面。诚信不仅是一种品行，更是一种责任；不仅是一种道义，更是一种准则；不仅是一种声誉，更是一种资源。没有信用，就没有秩序，市场经济就不能健康发展。正如美国经济学家阿罗所说的那样：“信誉是社会系统赖以运行的主要润滑剂；它非常有效，省去了许多麻烦，使人们可以对他人的话给予一定的信赖。”

企业的诚信是一种无形资产，它反映了企业的信用、实力和形象，良好的信誉可以给企业带来较好的经济收益。企业诚信的价值，在于它可以极大地降低企业与其他市场主体之间的交易成本。

诚信文化理念是企业兴旺发达的基础，只有在经营活动中遵守诚信理念，企业才能拥有比较广泛的客户，从而拥有更广阔的市场，使企业高效益可持续地发展。一个缺乏诚信理念的企业，短时间内可能会获得一定的利益，但“轻言必寡信”，长此以往，必将自我毁灭。只有诚信企业才能最终赢得客户，赢得市场，赢得长期的可持续发展的格局。国内外，许多知名成功企业都非常重视诚信理念，例如，海尔确定“首先卖信誉，其次卖产品”的诚信理念，从而成为家电业的巨人。

诚信是企业存亡与兴衰的基石，企业必须牢固树立“有诺必践”的诚信理念，以诚治企，才能在激烈的市场博弈中勇往直前。

二、企业如何树立诚信文化理念

债无忧之所以把“诚信”确立为企业价值观的首要理念，就是充分认识到了它的重要地位和作用。那么如何在企业树立诚信的文化理念呢？

首先，要制定企业的诚信准则。诚信准则是表明一个企业的基本价值观和它希望员工遵守的诚信规则的文件，它具体说明企业想做和期望大家做的事情，并且可以成为判断企业政策、行动及个人行为的基准。

其次，开展企业诚信培训。诚信培训要以企业诚信准则为依据，以国内外大量诚信典型为教材，向员工宣讲企业诚信是世界企业管理发展的趋势，企业诚信对员工、企业、社会带来的好处。可采取集中授课、开座谈会、学习讨论、开展践诺主题活动等多种形式，教育和引导员工树立正确的诚信理念。

最后，树立“诚信第一、品格第一”的理念。就个人而言，诚信是高尚的人格力量；就企业而言，诚信是宝贵的无形资产。人是企业的细胞，企业的诚信行为是千万个细胞的总体表现。许多企业的成功经验告诉我们：品格产生诚信——诚信产生合作——合作形成团队——团队创造品牌和利润。因此，好品格是诚信文化建设的基石，无人能超越自己的品格做事。因此，要树立“诚信第一，品格第一”的理念，要先学会做人，然后再做事，培育员工“受诺、践约、无欺”的品格，营造“有诺必践”的企业文化。

三、企业建立诚信文化的措施

首先，提高管理者的诚信文化素质。在企业管理过程中，一方面，管理者通过组织结构、制度规范、人员配置，把单独的个人力量整合为整体力量，实现企业的目标追求。另一方面，管理者通过价值观整合、思维方式作用、行为规范约束，把企业的宗旨、追求和理念转化为员工共有的价值观念。

从某种意义上来讲，有什么样的领导者，就有什么样的企业。因此，要提高企业诚信文化水平，关键是提升管理者的诚信文化素质，对于领导者而言，不仅要做崭新的企业文化的倡导者，更要做企业文化最忠实的执行者。“上下同心，其利断金”，只有干群同心，上下同欲，才能以文育人、以文化人，最终达到以文制胜、以文兴企的目的。

其次，以制度为保证，形成诚信建设的长效机制。企业文化由物质文化、制度文化和精神文化三个部分组成。制度文化是企业文化的中间层，是把物质文化和精神文化二者联系起来，使企业文化制度化、规范化的行为准则。

要把诚信文化观念渗透到管理过程中，变成人们的自觉意识和行动，制度是最好的载体之一。人们认同一种新观念、新文化可能需要经过较长时间，而把企业极力推行的观念和文化体现在制度中，借助制度的反复强化作用来影响观念，则可以加速这种认同过程。当制度内涵被员工接受并自觉遵守时，制度就变成了一种文化。

实践证明，要想靠一个活动来推动一个阶段的诚信建设比较容易，但要长期坚持下去，就必须在企业内部建立一套公平、合理的诚信评价机制。对每位员工实行动态考核，让失信的员工受到惩处，让诚信的员工得到物质和精神的双重褒奖，这样才有利于促进诚信建设的良性循环。

企业文化是企业生存的基础、发展的动力、行为的准则、成功的核心。建立企业诚信文化理念，就是要求企业自觉地遵守诚信的原则，以诚信的文化理念来指导自己的经营活动，推动企业不断进步。

（本文作者系债无忧互联网公司CEO、中国社会主义文艺学会诚信文化研究院常务副院长）

催收是金融风控的重要一环

——《催收全攻略》编撰工作暨中国诚信文化第二次研讨会纪要

文／诚信文化研究院办公室

2017年3月4日，由中国社会主义文艺学会诚信文化研究院主办的“《催收全攻略》编撰工作暨中国诚信文化第二次研讨会”在京举行。公安部华盛音像出版社社长、《中国诚信文化》书刊社社长张德伟；最高人民法院咨询委员会原秘书长、《中国诚信文化》总编辑王运声；全国人大法工委立法室原主任、《中国诚信文化》专家委员会委员吴高盛；中国法学会法制文学研究会执行副会长易孟林；中央财经大学法学院教授、博士，中国证券法学会副秘书长邢会强；《中国诚信文化》书刊社常务副社长、诚信文化研究院常务副院长王艳昌；公安部华盛音像出版社社长助理、诚信文化研究院秘书长刘美佳；债无忧互联网公司总裁朱林、副总裁英昌强等出席会议。

与会领导和专家重点就《催收全攻略》一书以及诚信文化和催收实战中的相关法律问题进行了研讨。

王运声总编辑在研讨会上指出，《催收全攻略》是中国诚信文化在当下实践中产生的一个重要成果。我国建立专门的机构搞催收，时间还不到20年。催收起源于“风控管理”，是金融风险控制管理的重要环节。国际上发达国家特别重视“风控管理”。20世纪末，随着我国金融产业快速发展，金融创新和融入全球金融发展轨道，金融风控管理问题凸显，引起了国家的高度重视。20世纪90年代，中国人民银行明令各金融行业，必须高度重视金融风控管理，从制度建设上铲除不良资产滋生的土壤和环境。针对我国金融行业出现的呆账现象，各级银行开始把风控管理提到金融管理的重要议事日程。民间最先进入北京、上海等大城市的金融风控管理行业，开展组织合法催收工作的公司，是来自我国金融业十分发达的香港地区的公司。此后风控管理如雨后春笋般在金融业快速成长，仅仅20多年，我国金融行业风控管理就得到蓬勃拓展。除了金融行业相继成立了各自体系的风控管理之外，民间辅助银行业做风控工作的公司也得以迅猛发展。我们今天谈到催收，与一般意义上的民间讨账有着本质的区别。催收工作的前提是依法注册成立的合法经营公司，按照法律要求，这些公司必须严格依法，不得采取非法手段，不得使用要挟恐吓等手段。催收是提醒、提示、催促贷款、借款单位和个人，及时履行合约，清偿银行信贷和借支的款项，催收工作产生的实际效果就是，如果债务人、受贷人，经过合法催收依然不能履行合约及时清偿银行借贷债务，就将受到严格的经济制裁甚至法律制裁，被视为社会上不诚信的人群，受到从事经济活动、社会交往的多方面限制。从一定意义上讲，催收是维护国家金融行业信贷秩序，及时防止银行资金陷入无法正常流通的不正常状态的重要保障工作；催收还是一种积极调和资金供需双方矛盾的法治合法途径。因此，我们说催收与私下讨账、讨债不可相提并论，有着本质区别。我们今天谈催收，必须站在国家金融风控管理高度来认识、来研究。催收既然是立足金融风险控制管理的高度来实施的正当的、合法的风控工作，它在整个金融管理体系中占有特殊重要的地位。我们可以这样说："催收也是一种生产力"，催收同样为国家、为社会创造财富，催收具有很直接的社会价值和经济价值。因此，建议书中专章论述风控。可以明确催收是风控的重要环节。要讲清楚国内外风控的历史与现状，讲清楚催收是风控的重要一环，讲清楚催收也是一种生产力，讲清楚催收为国家经济良性发展作出的实质性贡献。

吴高盛主任对该书给予了高度评价。他说，在当前党中央要求建立多元化解决纠纷机制的时代背景下，出版这部书，非常有社会价值和实用价值。同时他指出，作为公开出版物，该书要进一步提升思想高度。建议增加关于债务的论述，要把法律上讲的债务、老百姓讲的债务、公司讲的债务，本书要解决的债务都说明白。当前或由于债务人没有诚信，或因为法院负责执行的人手不够，以致"老赖"人群不断增大。债无忧互联网公司以创新的思维、诚信的思维主动为国家分忧，创建了无忧商城的催收模式，化解社会债务纠纷难题，是多元化解决纠纷机制的具体实践，是践行依法治国的创新之举，实在值得大家点赞。无忧商城的催收模式应单列章节论述。这也就突出了本书的问题导向，有现实指导意义。

邢会强教授认为，编辑这部书是做了一件功德无量的事。全书论及的催收内容非常扎实，系统性、战略性较强，具备了很好的基础。它的公开出版，有利于读者理解催收工作，提升催收工作人员勇于担当社会责任的良好形象。他就书中一些细节提出了修改意见。他建议，催收涉及的诉讼时效问题，可单列章节进行论述。

张德伟社长强调要从和谐社会建设、实体经济发展、普法等方面来进一步提升本书的高度。要对无忧商城的催收模式进行更加明晰的解读，消除人们对催收的误解。

易孟林执行副会长在发言中指出，这是一部与老百姓生活息息相关的普法书，也是一部实战性极强的金融财务风控教科书。全书以现实生活中的问题为导向，从诚信、创新、专业、服务的角度，对催收工作的战略战术问题进行了全面论述，主题突出，案例鲜活，有较强的理论和实践价值。该书填补了国内关于催收工作的出版空白，对于培育人们的法治信仰，提升法治素养，必将起到重要的推动作用。

王艳昌常务副院长就本书的编撰背景进行了介绍。

与会者互动热烈，并就无忧商城的催收模式进行了详细分析，一致认为，这的确是一个去库存，贴民生，化解社会矛盾的有着重要现实价值和意义的创新实践。

本次研讨会由债无忧互联网公司协办。

诚信淡泊的

共和国第五任财政部部长吴波

文／宁新路

一、两份遗嘱展现共产党员无私情怀

那年春节临近，我作为工作人员随同时任财政部部长项怀诚去北京万寿路看望吴波老部长。吴老说，你们那么忙，打个电话就很好了，何必跑一趟；离休了，成了吃闲饭的人，不能给你们添麻烦啊！吴老住的房子，我听说早已立下遗嘱，在他去世后交公。我当时很难理解，因为他的儿孙大多在外地，有的要在北京读书和工作，非常需要这套房子。但吴老坚决不改变他的想法，因为那是他年轻时就确立的“不置私产”信念，谁也无法使他改变。很多人为此说他是不讲亲情、不合时宜的“怪人”。我真想听听他为何有这么固执的想法，但一直没机会，况且他也不让人写他。问候完他，他就劝项怀诚和其他同行者“快去忙工作吧”，生怕耽误大家更多时间。他是个怕麻烦别人的人，也是时时想着别人的人。本想与他多聊会儿的项怀诚部长，只好起身告辞。

吴波是新中国第五任财政部部长，他一生追求做普通人。在晋察冀边区当“官”时，他就不吃小灶，与大家同吃一锅饭，并把分配给他的坐骑让给伤员和最需要的人。当财政部部长时，他坚持不吃小灶，与大家排队吃大锅饭，并在高温季节一再拒绝为办公室配电风扇等特殊待遇，和大家同熬酷暑。因为他没有“官架子”，大家很喜欢与他交谈，在部里叫他部长的人少，而尊称他“吴老”的人多。他也乐意别人称他“吴老”。

吴老从新中国成立初期当财政部副部长，直到卸任部长后离休，一直住在北京市西城区大酱坊胡同年久失修的几间旧平房里。旧平房在小胡同里，开不进车，墙上还裂着口子，夏天没有空调，生活条件十分简陋。几次分新房他都谢绝，升任财政部部长后，组织上给他调了部长待遇的房子，可他却让出去了。他说住平房习惯了，也离不开朝夕相处的街坊邻居。

直到晚年他才同意搬进了楼房，后来国家实行房改，他可用较低价格购买这套住房，他却放弃了这个机会。他说："我参加革命成为一个无产者，从没有想过购置私产留给后代。"

他在投奔延安革命队伍时就确立了坚定的革命信念。他在延安被错误关押审查近三年之久，身心受到极大折磨，不仅没有丧失共产主义信仰，反而更加坚定了他放弃自我、一生做无产者的决心。"文革"时期，他被打倒并下放改造，也没有放弃跟随共产党的决心。他参加革命时给自己确立的"一生无产"初衷，虽经过了几十年的世事沧桑、风风雨雨，却一丝一毫也没有改变。

那年，85 岁高龄的吴老病重住院。他感到自己的身体越来越差，有点儿着急立遗嘱了。出院后的一天，吴老让三子吴威立和秘书王沈京等人张罗立遗嘱。他开了一个家庭会议，请几位秘书作为立遗嘱见证人。吴老提出，他去世后房子交回财政部，家庭成员一致同意。他口述，让吴威立记录，留下了交房遗嘱，并把这份遗嘱送交给了财政部。

遗嘱

我参加革命成为一个无产者，从没有想过购置私产留给后代。因此，我决定不购买财政部分配给我的万寿路西街甲 11 号院 4 号楼 1101、1103 两单元住房。在我和我的老伴郄力过世后，这两单元住房立即归还财政部。我的子女他们均已由自己所属的工作单位购得住房，不得以任何借口继续占用或承租这两单元住房，更不能以我的名义向财政部谋取任何利益。

我去世后后事从简，不发讣告，不开追悼会，不搞遗体告别，火化后骨灰就地处理不予保留。

立遗嘱人：吴波

见证人：王沈京、梁志义

家属：吴本宁、裘企阳、吴威立、吴本立

2000 年 10 月 9 日

这份掷地有声的遗嘱，有见证人签字，也有家人签名，按理说房子交公的事已经尘埃落定。之后，两年多时间里，吴老多病经常住院，他对去世后房子交公的事还是放心不下，觉得需要把这个心愿向现任财政部领导交代清楚。于是，他又写了第二份遗嘱。这份遗嘱，他直接写给了时任财政部部长的项怀诚同志。

怀诚同志：

我的后事请按我的遗嘱办理，一切从简。

我在遗嘱中要求我的子女不要向财政部伸手，也请部里不要因为我再给他们任何照顾。在我老伴郄力过世后，我的住房必须立即交还财政部。财政部也不要另外给他们安排、借用或租赁财政部的其他房屋。他们有什么困难，由他们找自己所在的工作单位解决。

我指定我的三子吴威立做我的遗嘱执行人，由他负责和财政部联系。

顺致

问候

吴波

2003 年 1 月 26 日

项怀诚部长看到吴老的遗嘱，一股热流顿时涌上心头。他知道这份遗嘱的分量，这是一位无私无畏、心怀坦荡、令人敬重的老同志对党和人民无限忠诚的崇高情怀……

2005 年 2 月 20 日，吴老平静地走完了 99 年的人生。2 月 25 日上午，家人在八宝山送走了吴老。办完父亲丧事的吴威立，遵照父亲的遗愿，就在那个下午，召集兄弟、侄儿，请来父亲的秘书和身边工作人员开家庭会议，研究办好父亲遗嘱的事宜，形成了一份详尽的《家庭会议纪要》，将父亲遗嘱逐条逐人地落实了下去。吴威立又写了一份《交房申请》送到了财政部，表示"我父亲交房是个人的意愿，不是国家所提倡的事，因此也不要宣扬。我们兄弟都已买下了本单位分配的住房。代父亲上交这两套住房，是出于子女们对父亲的尊重，完成他的遗愿"。

这份《交房申请》送到部长助理王军手上，王军理解吴老的一片真情，立即批示让有关部门尽快按照吴老意愿办好吴老住房上交部机关的事宜。

吴老走后，有人对吴威立说，按规定老人的房子你们也可以不交，而且这个黄金地段的房价涨到了好几万一平方米，两套房要出售，至少能卖近千万。面对这样巨额利益的诱惑，吴老的儿孙们没有动心，坚定依照父亲的遗愿，把父亲生前的住房的钥匙交给了财政部。实现了吴老交代的，走后房子交还国家，决心做“一个无产者”的愿望。

吴波多年来把自己大部分收入用来帮助别人，留给后人的仅有3万元的积蓄。这笔钱除了付丧葬费和儿子搬出公房等费用外，几乎没有什么剩余。

不沾一“尘”地来，不沾一“尘”地去，他要让自己的灵魂不沾尘埃，这是吴波同志一生追求的自我境界。吴波是这么说的，也是这么做的，他用他的坚韧实现了他的人生夙愿。

二、一诺千金诚信自守

两袖清风，一身正气，做一个干净纯粹的共产党人，是吴波对党的誓言，对组织的承诺。而他也用一生的诚信与坚守，践行了自己的誓言和承诺。

青年时代他追求真理执着而不舍。在旧军阀部队里，几次宁可丢掉饭碗，也不与邪恶为友，不与人民为敌；主持湖南赈灾，在随时会丧命的危险里，与贪官污吏智斗，使赈灾粮款免遭贪污，拯救了数万灾民；端着国民党政府陕西公路局局长的饭碗，却为延安共产党做事，营救了大批红军西路军。后来，他干脆放弃官禄，投奔延安加入了革命队伍。

吴老曾几次被错误关押审查和批斗，蒙受巨大委屈，却从不埋怨组织和他人，恢复财政部部长职务后，从没报复曾陷害他、打击过他的人。

“文革”时造反派批斗吴老，逼他交代老领导的“罪行”。面对揪斗、抄家、大字报攻击等严酷折磨，他仍然敢讲真话。他说：“财政部的错，具体事都是我办的，是我吴波的错！”不管造反派如何打压，都不把责任推给上级，从不隐瞒过错或把错推给别人。

他被树立为新中国“模范部长”，虽有升迁的机会，但他在中央提倡干部年轻化时，把财政部部长职位主动让给年轻有为的副部长王丙乾，为老干部主动让贤立了标杆。

从财政部部长位置上退下来后，他常年住在裂缝掉灰的平房，在大家看来与财政部部长身份不相配。有关部门多次要为他维修，还派来工程队，运来砖头水泥，“逼”他同意维修，但他怕花费国家的钱而一次又一次拒绝了。他不仅住着破旧的房子，还坐着“打补丁”的破旧沙发，自己舍不得花钱买新的，更不让公家给换新的；他吃着平民的饭菜，过着朴素的日子，不要国家给的“特供”待遇。他一生喜欢过同老百姓一样的简朴生活。

他鼓励四个儿子不在优越的京城工作生活而到艰苦地方安家落户。三个儿子都安家落户在了外地。他不准儿孙利用自己的权力和影响谋好处，也不准儿孙利用他的朋友、熟人关系为自己办事情。吴老的老战友要把他在条件艰苦的甘肃甘南工作的大儿子吴本宁调到兰州市，被吴老知道后拦住了。他说绝不能用自己的影响为儿子谋好处。曾在北大荒开拖拉机，后自己考上教师的儿子吴本立，被领导关照去香港地区进修。吴老听说后，给北大荒领导打电话取消了他的进修资格，进修名额给了其他教师。因为吴老了解到这是有领导对他儿子给了“特殊关照”。清华大学毕业的三子吴威立，靠自己本事就业并成为国家干部，在单位变革寻找新去处时，财政部成立国资局，有好心人想把他调进来，也给吴老拦住了。不但把儿子拦住了，还交代所有儿孙，在他在职、退休和去世后，不准到财政部办私事。他的儿孙从他当部长到退休、去世至今，没有人进过财政部的门，更没有找财政部的人办过任何事情。吴老当财政部部长一场，他的儿孙都是一般干部和工人农民，没有一个在求职、上学、升职等事情上沾上他这个“大官”的“光”。

他的部长用车，从不让妻子和儿孙使用，即使老伴生病上医院，即使落户西北甘南与北大荒的儿子远道来北京看他，即使小车司机向他求情也不让出车接送。他要孩子们自己掏钱来回打车。他当财政部部长期间，多次坐车路过老家安徽也从不停留，他生怕亲情、友情与他财政部部长职务沾上关系。安排他去黄山疗养，安徽省政府的小车接送他，他让秘书从他工资中支付了全程汽油费。下基层调研，不要多余的陪同，也不坐专车，与大家坐大巴去，拒绝超标准接待，吃饭付餐费。有的地方接待执意上了鲍鱼、海参等高档菜，他就按时价付钱，在北京时也同样。他的工资让秘书管着，便于为他付餐费。在外出差付餐费，是他当财政部部长时的习惯，哪次都没马虎过。吴老带财政部司长和秘书去上海等地出差，他嫌套间太贵，退了套间和秘书住单间，其他人也是两人住一间。出差不住套房住标准间，从他当部长直到离休没变过。哪怕是带老伴到阔别几十年的延安，他也退了套间住标准间。那年已是70多岁的吴老，唯一一次带老伴回安徽宣城老家探亲，他不要专车，不打扰地方同志，自己买车票坐长途客车回家，回到老家自己的掏钱住旅馆。

他不愿享受特殊补助，他把“文革”后给他的平反补助费和后来部长正常待遇的保姆补助费，全部交了党费，且常年拿出自己的工资接济有困难的人。

他不收礼品，也定下家规要求家人不得在任何情况下收受任何礼品。他和家人对送上门的礼品一概拒收并客气地退还，退不了的食品就按价折合退钱，哪怕一箱水果也不行。拒礼这一习惯，吴老坚守了一生。

吴老在北京时几乎从不参加宴请，从不进歌厅等热闹地方，喜欢在家吃粗茶淡饭，一日三餐好坏都一样吃得津津有味。他离休时月收入2000多元，2005年过世时涨到4000多元。当他知道物价上涨时，就对家人说，如生活费不够，伙食标准还可以降低一些。

他总是严于律己，宽以待人。2004年在医院，护工不小心把他磕了一下，嘴肿了。医院领导和护工都很紧张，他淡淡地说是自己不小心，不怪别人。

他从不抱怨，从不议论工作上的是是非非，偶尔涉及往事，他从不责怪别人，只讲自己的不足和失误。但对大是大非极有原则，那就是党的原则，人民的利益在他心中高于一切。离休后的吴波依旧坚持自己的理念，安安静静地生活着，心如止水。

他安于淡泊。按惯例，财政部部领导退休都保留一间办公室，而他退掉了为他保留的办公室，也从不干扰后任的工作；给他配了专车，他也退掉，且从不提出外出旅游、疗养……

这就是吴波。不了解他的人，或许会觉得他是一个不通情理、不合时宜、难以理解的“怪人”，但当你了解了吴老的内心，了解了他的风范，就觉得他不但不怪，还认识到他是一个超凡脱俗的人，一个诚信自守的人、一个思想情操高尚的人，一个让人高山仰止的人，一个大写的人……

每当路过万寿路，我总会注目吴老住过的那栋楼。这情不自禁的回头和张望，是因为吴老高洁的精神，就像耀眼的灯盏，照亮了一代又一代财政人的心田。财政部的人因有吴老这样的部长而自豪。财政人在传颂他，也在怀念和追随他。

三、走进吴波的精神世界

走进吴波的精神世界，让我有很多的感动。

吴波毫无疑问是一位具有英雄般极致品格、超凡脱俗的人。吴波为什么会成为超凡脱俗的人？他深深感受了旧社会生活的贫穷与苦难，那是刻骨铭心的饥寒交迫与羞辱；他深深感受到了理想与现实的残酷，那是血淋淋的屠刀与卑鄙；他深深感受到了民不聊生与国破家亡，那是军阀混战与饿殍遍野……他从黑暗与光明的比对中，深深感受到了正义之师与人心所向的党魂、军魂，那是共产党与延安的精神之魂……所有这些，让他知道了什么是满足与幸福，让他精神世界找到了一种超然和高贵，让他决意放弃自我，淡泊名利。

吴波具有的精神高度，犹如一座高入云端的峻岭。这座精神峻岭，不是虚无缥缈的，不是人为支撑和雕刻的，不是涂脂抹粉妆饰的，而是由多个侧面的坚硬岩石堆积起来的。

吴波的精神体现了什么？它体现了一个人内心的纯净。这种纯净像清泉，没有一点儿杂质，没有一点儿颜色，没有一点儿味道。它体现了一个人内心的宽阔，宽阔得像蓝天和大海，看不到边际。它体现了一个人内心的超然，什么也可以放下，什么也可以看开。它体现了一个人的至爱，对国家爱得很深，对事业爱得很深。它体现了一个人的高贵，不向庸俗低头，不向金钱低头。它体现了一个人的纯粹，不为荣华富贵，不为权利财富。吴波的这种精神，就是毛泽东同志所主张的“做一个高尚的人，一个纯粹的人，一个有道德的人，一个脱离了低级趣味的人，一个有益于人民的人”。

我在采访和写作过程中，不止一次被老部长的感人事迹所感动，激动的泪水不时在眼圈里打转，心灵一次又一次受到撞击。社会发展了，时代进步了，但是忠诚于党和人民的事业的坚定信念不能变，吴波的精神永远闪烁着光彩，永远是我们学习的榜样。

我记得特别清楚，十二年前的2月25日上午，北京八宝山革命公墓第一告别室，悼念的人们争先恐后从四面八方赶来，与一位受人尊敬的部长道别。这场悼念没发讣告，悼念大厅内外却排着长长的送别人群。这位老人就是共和国第五任财政部部长吴波！走完99年人生历程的吴老，静卧在鲜花、翠柏丛中，面容依然如生前那般慈祥、淡然、和蔼、平静……

1983年，吴波离休之后重返延安，曾对自己参加革命后的生涯作了这样一个概括：“面完达摩十年壁，换得金刚百炼身。今日灵山问证果，此生犹愧净无尘！”

（本文作者系《财政文学》杂志主编、财政部中国财政文学会副会长兼秘书长）

电力央企 要在社会信用体系建设中 发挥引领作用

——专访全国人大代表、国电湖南电力有限公司筹备组组长刘定军

特约作者／萧琉

当前，我国正处在经济结构调整和发展方式转型的攻坚期和重大战略机遇期，“全面建成小康社会，全面深化改革，全面依法治国，全面从严治党”的历史使命，使社会诚信建设被提到国家层面的高度予以重视。党的十八大提出，加强政务诚信、商务诚信、社会诚信和司法公信建设，积极培育和践行社会主义核心价值观；党的十八届三中全会指出，建立健全社会征信体系，褒扬诚信，惩戒失信；党的十八届四中全会提出，全面推进依法治国。中国企业联合会发布的2016中央企业信用指数（ECI）报告指出，中央企业信用指数整体向好，ECI平稳上升，信用要素也保持向好、平稳上升趋势。具体表现为以下几个特点：一是中央企业ECI整体提高，监管部门信息指标平稳。反映出中央企业实施“提质增效”攻坚战取得初步成效，政策引导和支撑作用明显。二是重组企业信用指数增加、趋势上升、波动率降低，企业信用稳步提升，反映出中央企业改革取得实质性进展。三是财务状况指标明显提高，反映出2016年国家对中央企业政策性资金支持力度加大，中央企业积极实施“成本管控、效益否决”效果显著。

2017年全国两会期间，《中国诚信文化》特约作者就央企如何引领加快社会信用体系建设等问题专访了全国人大代表、国电湖南公司筹备组组长、国电湖南宝庆煤电有限公司总经理刘定军。

《中国诚信文化》：国务院出台《社会信用体系建设发展规划纲要（2014—2020年）》指出，社会信用体系是社会主义市场经济体制和社会治理体制的重要组成部分，以法律、法规、标准和契约为依据，以守信激励和失信约束为奖惩机制，提高全

社会的诚信意识和信用水平。2016 年 11 月，中央全面深化改革领导小组第二十九次会议通过了加强政务诚信、个人诚信体系和电子商务领域诚信建设指导意见。电力行业有 15 家大型中央企业，作为一名央企的高层管理者请您谈谈电力央企推进信用建设有何重要意义？

刘定军：当前我国经济正进行深度调整，经济增长由高速调整为中高速，“新常态”下的发展模式必然带来能源需求和消耗方面的“能源革命”。如何融身于“能源革命”之中，特别是融身于治理大气污染和绿色低碳能源发展的战略中，电力行业已经跨入了一个新的历史时期，电力行业的健康发展对国计民生具有重要意义。在“新常态”经济发展模式下，不论是政策环境、市场环境、改革环境、信息环境等外部环境，还是电力行业自身内部环境，都离不开良好的信用环境。信用是市场经济的“基石”。加快建设社会信用体系，是既有利于发挥市场在资源配置中的决定性作用、规范市场秩序、降低交易成本、增强经济社会活动的可预期性和效率，也是推动政府职能转变、简政放权、更好地做到“放”、“管”结合的必要条件。抑制不诚信行为，对促进社会文明进步，极其重要、势在必行。深入推进电力行业信用体系建设，是践行社会主义核心价值观的有效作为，是提升社会治理体系和治理能力现代化的重要标志之一，是完善社会主义市场经济体制的基础性工程，是全行业实施“全面依法治国”的重大举措。

电力企业信用建设是社会信用体系建设的关键环节，也是“商务诚信”的重要组成部分。电力行业作为经济社会具有基础性、公益性和先导性的行业，应当具有深入推进信用建设的高度自觉和自信，成为各行各业信用建设的示范和表率。国家电网公司、中国南方电网有限责任公司、中国华能集团公司、中国大唐集团公司、中国华电集团公司、中国电力投资集团公司、中国核工业集团公司、中国长江三峡集团公司、神华集团有限责任公司、国家核电技术有限公司、中国广核集团有限公司、中国电力建设集团公司、中国能源建设集团公司、中国核工业建设集团公司和中国国电集团公司等电力企业作为大型中央企业，更应当主动思考并努力加强自身信用体系建设。

《中国诚信文化》：目前影响电力行业诚信建设推进存在哪些问题？

刘定军：在电力行业产业链中（包括电力企业、电力企业的上游供应商和电力企业的下游客户端），电力企业是其行业链中信用体系建设的主体。随着市场的不断开放和电力快速发展，电力企业自身和上下游供应链以及需求链各种失信行为相互交织影响，难以独善其身，对电力企业的诚信建设带来了严峻挑战，面临许多值得高度重视和亟待解决的问题：一是对加强行业信用体系建设的必要性、重要性和紧迫性缺乏高度认识，不少企业对信用建设还存在理解上的片面性和局限性，由此导致了缺乏信用建设的自觉性与主动性；二是在电力信用体系建设的主导与主体、任务与目标、征信与采信、监督与奖惩等方面缺乏系统的协调与联动机制；三是加大正反两方面典型宣传和曝光力度不足，奖惩机制还有待加强；四是在少数电力企业中安全生产、节能降耗、污染物排放、服务承诺等方面还有不达标、不到位现象。这些现象表明，要改善电力产业发展生态中的信用环境还任重而道远。如果通过电力行业的信用体系建设，由此全面推动上下游企业的信用建设共进，将为全社会信用体系建设作出显著贡献。若所有行业都如此做的话，国家的信用体系也将逐步健全、完善，社会诚信度也将大大提高。

电力行业目前在“诚信践诺”方面存在着两个较为突出的问题：一是在基建阶段，发电企业作为建设方，大多存在由于多种原因造成的拖欠施工方工程材料款项的问题，从而导致“三角债”“多角债”现象屡屡发生。仅据两大电力建设集团中一家的统计数据显示，2012 年年底施工企业应收账款为 136.75 亿元，2013 年年底应收账款为 168.93 亿元，同比增加了 32.18 亿元。2014 年 11 月底应收账款为 201.07 亿元，比 2013 年年末又增加了 32.14 亿元。仅湖南某施工央企 2014 年年末即有应收账款 9 亿元以上，部分应收账款账龄超过两年以上。据湖南电力施工企业统计，工程竣工交付后，结算周期平均达两年半以上，结算难成为普遍现象。由此可见，施工企业“被失信”现象严重，个别的循环债务已危及社会稳定，应引起政府有关部门的高度重视。二是在节能减排方面，一定数量的企业出于成本效益的考虑，不能主动履行环保减排责任。当前，全国火电企业年排污数字惊人，环保压力成为制约社会经济健康持续发展的主要因素之一。不少火电厂在建设初期为片面追求降低造价，往往都不主动同期建设脱硫脱硝设施，有的虽然迫于国家政策压力，在后期通过改扩建上马“双脱项目”，但为了减少运行成本，存在尽可能降低环保设施投运率、个别企业甚至存在“偷排”现象，环保减排并没有成为企业的真正自觉行为。

《中国诚信文化》：您对中央企业推进信用体系建设有哪些建议？

刘定军：行业信用建设是社会信用体系建设的重要组成部分，社会信用体系建设是行业信用体系建设的重要保障，二者是部分与总体的关系。要达到国务院提出的“到2020年全社会诚信意识普遍增强，经济社会发展信用环境明显改善，经济社会秩序显著好转”的目标，仅仅靠个别企业的自觉性是远远不够和不能奏效的，需要各行业统筹规划，协同配合，更需要政府的政策导向，引导全社会企业信用建设逐步走向自觉。鉴于电力行业在信用体系建设方面的先期探索实践，提出以下建议：

1．建议国家发改委将电力行业作为信用体系建设试点，形成央企在产业“信用链建设”的示范作用，进而督促、引领各行业在国家信用体系建设大框架下同步、快速启动信用体系建设。国家能源局颁布电力行业信用评价规范的同时，中国电力企业联合会已明确要求，按照“全面统筹规划，分类分步实施”的原则，电力行业2015年到2020年信用建设总体目标分三阶段实施，即第一阶段到2016年，电力行业信用建设基础性标准体系基本建立，实现信用信息目录公开，征信系统基本建成。第二阶段到2018年，各电力集团80%的省级公司和60%的直属单位获得AAA级信用企业，并发布社会信用报告。第三阶段到2020年，电力行业采信政策和奖惩机制全面发挥作用，广泛在市场准入、工程招标、电量交易、物资采购以及评级评优等方面行业信用建设取得明显进展，信用建设水平与质量明显提高，对社会信用体系建设贡献显著。电力行业目前具备了全面启动信用建设工作的基本条件，建议国家发改委不失时机地以此作为行业信用建设的试点，取得经验，引领并督促其他行业根据国务院《社会信用体系建设发展规划纲要（2014—2020年）》的要求，结合本行业特点，借鉴电力行业的经验做法，做好顶层设计以及组织体系建设，分阶段逐步建设完善的各行业信用标准及评价体系，使信用体系建设有法可依，有规可循，稳步有序，健康推进。

2．建议国家发改委牵头出台相关配套政策和措施，重点解决信用等级采信问题，使信用建设具有足够的权威性和约束力。一是在电力行业试点中，由国家发改委、国家能源局明确规定在资质审核中对企业信用状况的具体要求，在电量交易、日常检查上对信用等级高的发电、供电、售电企业，给予明确的倾斜政策和保护措施，促使“信用建设”和“节能减排”落到实处；在工程招投标中，将施工、设计企业信用等级状况纳入招投标评分项予以采信，并实施动态管理。二是由国家发改委商国资委，在对中央企业的管理和考核中，将企业的信用建设状况作为考核条款纳入其中，促进央企在落实时起到引领作用。在电力行业进行试点时，建议国资委在考核中可要求从国家电网公司率先做起。

3．建议由国家发改委设立信用建设专项资金，并牵头建立全国统一的社会信用代码制度和信用信息共享交换平台，整合政府及有关行业掌握的企业数据信息，规范行业信用评级，避免重复评价，减少企业负担，建立行业信用评级互认制度，逐步建立健全社会信用信息系统及企业信用信息披露机制，形成涵盖企业信贷、纳税、合同履约、产品质量、招标投标、服务承诺、安全、环保等信用信息的企业信用档案，使银行、工商、司法、税务、环保、社保、建设、铁路、航空等部门的信用信息实现互联互通。在依据有关法律法规和保密的前提下为企业和社会公众提供信用信息共享查询、分析和统计等服务，建立跨地区、跨行业类别的信用联合奖惩机制，加强对失信行为的披露和曝光，完善失信信息记录，形成震慑力和约束力，真正、尽快营造出国家倡导的“有信者荣、无信者忧、失信者耻”的社会氛围，使守信者处处受益、失信者寸步难行。

论《中庸》的自然正义与“诚”的政治理念

文／单纯

《中庸》本来只是中国古代儒家思想文化经典《礼记》中的一篇，原文不到5000字，远不及现代一篇正规的学术论文的容量，但是思想极其丰富，故为唐代儒家学者专门标出，后经宋儒朱熹编订为“四书”之一，成为南宋至清末六七百年间科举考试必考教材。按照史学家陈寅恪先生的推断，[①]《中庸》一篇当为秦时儒生之作品，其中以“诚”为核心概念贯穿儒家传统的宇宙论与人生论，以“性命”为宇宙本体和自然法则，解释和阐发儒家特别是孔子关于天道的自然正义观及圣人治国理政的思想。

一、《中庸》中的自然正义思想

儒家的人在《中庸》中以一个“诚”字来描述宇宙化生的自然规则，以“至诚无息”揭示宇宙永恒的化生能力和大公无私的精神，从宇宙万物的自然状态中窥探出指导人类社会的公正原则和进取精神，所以与“天道之诚”相对应的还有“人道之诚”，从“至诚无息”的天道中转化出“自强不息”的人道：“唯天下至诚，为能尽其性；能尽其性，则能尽人之性；能尽人之性，则能尽物之性；能尽物之性，则可以赞天地之化育；可以赞天地之化育，则可以与天地参矣。”通过“性”的普遍性承认天地万物的存在权利，这是人对自然万物的“参”“赞”，是人类社会的自然正义思想，儒家的人以此为社会政治和法律的最高原则，即“君子诚之为贵”，“夫微之显，诚之不可掩如此夫”。

“诚”并不是一种如西方造物主——上帝那样的绝对“他在”，而是与“此在”的经验世界、与世俗的人伦日用相互关联，从入世经验的“显”中可以窥见超世的自然化生、公平、正义的本质，所以《中庸》里面讲尧舜禹汤武等圣人的社会治理都是依照天道的自然公平与正义，治理天下社会（颁布政策、依礼而治）都本于天道化生所启示的自然权利和公正价值，因此孔子答哀公问政时仍然讲天道自然与人道政治的必然联系：“文武之政，布在方策。其人存，则其政举；其人亡，则其政息。人道敏政，地道敏树。夫政也者，蒲卢也。故为政在人，取人以身，修身以道，修道以仁。仁者人也，亲亲为大；义者宜也，尊贤为大；亲亲之杀，尊贤之等，礼所生也。在下位不获乎上，民不可得而治矣！故君子不可以不修身；思修身，不可以不事亲；思事亲，不可以不知人；思知人，不可以不知天。”《中庸》里孔子这段谈论政治治理的话，如果与其开篇讲的“天命之谓性，率性之谓道，修道之谓教。道也者，不可须臾离也，可离非道也。是故君子戒慎乎其所不睹，恐惧乎其所不闻。莫见乎隐，莫显乎微，故君子慎其独也”这段话联系起来就比较容易看清楚以宇宙化生的“天道性命”对于“人道礼教”的人文启示意义，天道“隐”“微”，生化万物“显”“见（现）”，其廓然大公、仁道正义的精神非限于经验世界之人所能一一耳闻目睹，所以对天道自然这种“独一无二”的化生原则和公平价值人须抱以戒慎敬畏之心，并以之修身治世，像尧舜文武这样的圣人就是“政举”的样板，达不到则天之德的标准，就不可能治理好人民。因此，儒家传统中所谓“人治”是指“圣人则天之治”，其所谓“人”者乃是一种宇宙自然正义的人格象征，用以表达无限公平、正义的价值取向，更近于西方法律思想中自然法所标举的“法治”精神，而非其君权神授的“人治”，因为儒家的人在君权之上还预设了一个“天理良知”的道德标准，以限制君权：符合天道标准的则被信奉为王道圣君。

《中庸》的宇宙化生自然万物所启示的社会治理原则和人文精神多借用儒家对于尧舜禹文武周公的道德人格加以阐发，与孔子在《论语》中所重点阐述的社会及国家治理思想是完全一致的，都是对宇宙自然的勃勃生机进行人文主义的阐释，以为儒家所标举的普遍道德权利和王道仁政理想的信仰基础和施政原则。对于此特点，孔子在论语中说：“大哉！尧之为君也。巍巍乎，唯天为大，唯尧则之。荡荡乎，民无能名焉。”[②]后来儒家的学者们对此便给予自然正义和社会公平的解释：“人受天地之中以生，赋气成形。故言人之性，必本于天。本乎天，即当法天。《易·系辞传》言包羲氏王天下，仰则观象于天，俯则观法于地。又言黄帝尧舜，垂衣裳而天下治，盖取诸乾坤。然则古圣所以成德布治，皆不外则天而行之。……正义曰：巍巍言高，荡荡言广远。……民无能称其名者，名者，德之名。民无能称其德，故无能称其名也。皇疏云：夫名所名者，生于善有所章，而惠有所存。善恶相须，而名分形焉。若夫大爱无私，惠将安在；至美无偏，名将何生。故则天成化，道同自然，不私其子，而君其臣。熊凶者自罚，善者自功。功成而不立其誉，罚加而不任其刑。百姓日用而不知其所以然，夫又何可名也。”[③]这就是说，天不仅是人的自然生命的源泉，而且还是人的社会规范的神圣原则；人类社会的治理必然以宇宙自然化生的道德作为法则，儒家所信仰的先秦圣人就是依照这样的自然法则治理的，所以才有了儒家理想中的“大同社会”，其公平、正义的原则正好是来自“大道之行”的启示，在儒家的语境中，无论是“大同”还是“大道”，其中的“大”皆是指宇宙化生万物的生命原则和公平、正义的价值取向。因此，只有则天的圣人，如尧舜禹者才能做到“以天下为一家，以中国为一人”。[④]儒家的人以他们的名义宣扬的“人治”才是最好的“治国平天下”的政治类型，即王道仁政，这也是儒家的人批判法家所推崇的霸道暴政的“法治”的治国理政的学理依据，其“人治”中的圣人所具有的则天之德蕴含自然化生的公平性和自然状态的正义性（“乾道变化，各正性命”——《周易·乾彖》），这些“天命之性”的神圣性和权威性不仅按照儒家的理想被投射于尧舜圣王人格，而且在宪政意义上还构成对皇权的道德约束，使其行政命令必然以“奉天承运，皇帝诏曰”的形式予以颁布，甚至老百姓抗拒皇帝的权威、推翻世俗政权亦以“替天行道”为其社会革命的依据，如“汤武革命，顺乎天而应乎人”者。所以说，《中庸》通过宇宙万物和人伦日用的“庸”，意图揭示其宇宙化生的“中和”原则和尧舜圣人治人、治国、治天下的法则，其宇宙观与社会政治观的统一性可以“考诸三王而不缪，建诸天地而不悖，质诸鬼神而无疑，百世以俟圣人而不惑。质诸鬼神而无疑，知天也；百世以俟圣人而不惑，知人也。是故君子动而为天下道，行而世为天下法，言而世为天下则”。

二、圣人之治的政治理想

《中庸》引用孔子的话说：“君子中庸，小人反中庸；君子之中庸也，君子而时中；小人之中庸也，小人而无忌惮也。”“君子”和“小人”只是儒家的人用于区别人的伦理水准的人格标准，其意并非在于人的自然的生理状态及社会地位，而在于人自身对于宇宙自然包括普遍的人生状态的价值评判和政治态度。君子从宇宙万物的自然状态中体悟出社会治理的“应然”的性质，即如西方近代思想家从人类的自然状态中总结出“天赋人权”的应然性一样，是人赋予宇宙自然的一种价值取向（ideal），而小人只是将人类的自然状态理解为一种与人文价值取向无关的“实然”性质，即人只是受“丛林法则”（the law of jungle）支配的动物种类，即便称其为“高等动物”，其对于自然和自身的认识只停留在客观的“是什么”（conception）阶段，完全没有上升到主观的“应该是什么”的人文价值理想阶段。

对于宇宙万物化生的自然之道，儒家的人从中看到了治理社会的理想样板，尧舜禹文武周公之类的圣人就是按照这样的理想来治理国家和天下的；在他们治国理政的实践中，《中庸》表现为人所崇奉的自然正义性，是一种超越实际社会规范和政治治理的价值标准，对于世俗社会中的政治和法制具有永恒的指导作用，这便是儒家“天人合一”的思维模式中对于政治理想的宇宙论基础，其对于经验世界中人类社会的政治和法制具有方法论和目的论的价值，因此孔子说：“天下国家可均也，爵禄可辞也，白刃可蹈也，中庸不可能也。”从宇宙生成论与自然权利论的观点看，世俗社会中的一切成就和实然状态都是可以做到的，但是人为的努力不能止步于此，政治治理和法制创新还应该效法中庸的“大本”和“达道”，以追求万物生存并和谐发展的自然和社会理想。也就是说，《中庸》是以“天道”的“应然性”（ought）引导人类社会治理中的“实然性”（is），是以宇宙万物所启示的价值世界超越并引导人类社会的政治法律世界，这样就比较容易理解孔子对中庸所作的价值判断：“道不远人，人之为道而远人，不可以为道。……故君子以人治人，改而止。忠恕违道不远，施诸己而不愿，亦勿施于人。”人之所以高于一般的动物，就在于他对中庸所启示的价值世界——天道有教化而得的社会政治理想，这就是人道，用人道的标准去治理人，这就是“以其人之道，还治其人之身”。[⑤]以这种理想的标准去改造人、治理社会就可以了，而不能以非理想的标准代替人道。治理社会和改造人的人道是从自然的“天道”演变出来的，如果说“中庸”的“大本”和“达道”是“万物并育而不相害，道并行而不相悖”，那么儒家的圣人尧舜、文武、仲尼则从天道中体会出了“忠恕”的人道，天道赋予万物的生存权利，一如人道赋予社会中爱人如己和推己及人的道德权利。

在儒家的政治哲学传统中，《中庸》中的“天命”观并不限于解释自然世界的普遍性质，而是希望从中揭示出人类社会的理想目标，并以之为社会治理的指导原则，所以传说中和信仰中的圣贤人物之治就成了这些理想的“历史性”范例。儒家所谓先古圣贤的“人治”是否具有历史的依据，他们自己似乎并不关心，因为他们的兴趣和意图只是以之为一种“修齐治平”的理想，虽然“尧舜三王周公孔子所传之道，未尝一日得行于天地之间”[⑥]，但是对于这些圣人之治（孔子被汉代《公羊传》封为儒家的“素王”）历代大儒们仍然遵奉为一种具有永恒思想魅力的理想政治类型。近代戊戌变法时康有为的“托古改制”就是信奉儒家这种政治理想的生动写照，当时的人并不与他较真，要求他以历史事实证明孔子是否实施了“圣人之治”，而是怀疑他将儒家的政治理想等同于近代的政治现实是否合乎时宜。实际上，就儒家“圣人之治”的理想而言，孔子自己看得十分清楚，所以他也没有着力说明尧舜禹汤文武周公是否实践了“中庸之为德”的政治理想，而只是强调其政治理想方面的“应然”价值，如他说：“君子之道费而隐。夫妇之愚，可以与知焉，及其至也，虽圣人亦有所不知焉。夫妇之不肖，可以能行焉；及其至也，虽圣人亦有所不能焉。天地之大也，人犹有所憾。”君子所追求的“天道”是《中庸》中的宇宙自然之道，其超越经验世界（经验世界是末，因而是费）的“大本”“达道”当然就是“隐”，但是君子能从“费”窥见“隐”，从经验世界窥见理想目标，至于是否能够完全实现，或者已经被圣人之治完全实现了，那倒不是十分重要的了，因为理想类型对人的经验现实留下不能完全实现的思想空间或政治遗憾，反而更能持久地吸引儒家所面对的现实政治。所以，圣人的“天道”政治理想对于“人道”现实是具有超越性质和“应然”性质的，因此，无论是尧舜的“病诸”还是武王、周公的“达孝”都只是说明《中庸》所启示的为政之道是完全的理想类型，成为儒家信奉和追求的目标：“武王、周公，其达孝矣乎！夫孝者：善继人之志，善述人之事者也。郊社之礼，所以事上帝也，宗庙之礼，所以祀乎其先也。明乎郊社之礼、尝之义，治国其如示诸掌乎。”儒家的人强调对于祖宗和天地的祭祀，是为了表达对于家庭永恒生命价值的理想和信念，而当政者对于祖宗和天地的祭祀，则是为了表达对于一种政治道德和社会理想的永恒追求，有了这种理想的政治目标，齐家治国平天下都是顺理成章的事，所以汉代的当权者鼓吹“以孝治天下”，足见儒家从《中庸》所信奉的天命道义中推演出的“易如反掌”的治国理想对于后代实际政治生活的影响。

三、结论：由“诚”所揭示的治国理政思想

在儒家“天人合一”的思维定式中，《中庸》并不是表面上的一种“无过无不及”的方法，而是从平常日用的现象世界中折射出的宇宙化生本体，因而也就是儒家人所设想的“修身齐家治国平天下”的根本原则和最终目的。尽管其有在最低理想限度上的自我保全的方法论意义，如其所引《诗经》所言之“明哲保身”，或如儒家实用主义的策略性告诫“言而当，知也；默而当，亦知也”[⑦]，但其根本的旨意却是“大哉圣人之道！洋洋乎发育万物，峻极于天。优优大哉！礼仪三百，威仪三千。待其人然后行。故曰：苟不至德，至道不凝焉。故君子尊德性而道问学，致广大而尽精微，极高明而道中庸。温故而知新，敦厚以崇礼。是故居上不骄，为下不倍；国有道，其言足以兴；国无道，其默足以容。《诗》曰‘既明且哲，以保其身。’其此之谓与”！当然，这句话似乎就是在对整篇《中庸》作总结，但是这个总结亦有相互矛盾之处，这是理解《中庸》的精神时应当注意辨析的。

儒家所阐述的“圣人则天之德而治”，既可以简称为儒家思想背景下的“人治”或“德治”，也可以统称其为“礼治”。其所谓“大哉”“洋洋乎”或“极天之峻”都不是就经验世界的物理意义讲的，而是就其超验的信仰意义讲的，目的是以之为经验世界中圣人治理的“终极性”依据，或者治国理政的合法性依据，所以是“至德”“至道”“尊德性”“道问学”“致广大而尽精微”“极高明而道中庸”，“礼仪”“威仪”的合法性和目的性皆由所生、由所本、由所倚、由所立。其政治和法律的理想皆超越于世俗权位的“上下”之别，国家政策的“有道无道”之辨，这种在信仰意义上神圣的圣人之治和中庸之道属于“天命性德”的自由意志，属于价值世界理想，它怎么能够受制于经验世界的“明哲保身”呢？更不用说以其为“圣人之治”和“中庸之道”的思想总结了，因此说，“其此之谓与”的总结与《中庸》中圣人之治的“精微”精神毫不相干，反倒流于“中庸之德”止于“和稀泥”的方法之谬了，这是《中庸》中自身的思想局限和矛盾之处。

如果说《中庸》是为了应对秦时法家的实用主义思想而作，并因回应佛教的出世哲学而被重新发掘，以为儒家入世思想复兴之用，那么其中与宇宙生成论或宇宙本体论相得益彰的“圣人之治”是可以用一个“诚”字加以

思想概括的。因为《中庸》的天之道是“至诚无息”，而“圣人之治”的人之道就是“自强不息”。《易》《庸》连用时，儒家的人就是要强调“天行健，君子以自强不息”[⑧]，而《中庸》中的“诚”就是把这个精神辩证地表达出来，“诚者，天之道也；诚之者，人之道也。诚者不勉而中，不思而得，从容中道，圣人也。诚之者，择善而固执之者也”。宋朝宰相司马光花了近20年的时间编纂以儒家治世思想为价值取向的政治经典《资治通鉴》，其学生刘安世说他跟司马光学习了5年得到的就是一个“诚”字。可见《中庸》中，一个“诚”字所蕴含的合天人之道的奥义。以研究儒家法思想见长的当代学者俞荣根总结说：《中庸》中“‘唯天下至诚，为能经纶天下之大经，立天下之大本，知天地之化育，夫焉有所倚？’大意是，只有达到诚的最高境界的人，才能创制天下的根本大法，树立天下的根本大德、掌握天地化育的规律，而无所偏倚。这里蕴含着这样的法价值观：只有至诚的圣人，才能创制符合天道的根本法。于是，思路又归到了圣人立法上。”[⑨]从他的总结中还可以作这样的发挥：“圣人代天立法”可以与儒家的“人皆可以为圣贤”作政治权利方面的相互阐发，因此，每个坚信“天道性命”中具有真诚价值的人就都因自然的普遍理性和主体的自觉而被赋予了“修齐治平”的道德权利和政治权利。因此，笔者认为俞荣根著的总结比起只将《中庸》限于经验世界的方法论的观点要深刻得多，是比较契合儒家的人在先秦编纂和在唐代标出《中庸》的精神和动机的。这说明儒家的思想特点是从具有主体性的心身性命立场出发，一直思考到大化流行的宇宙天道，并人道理想与宇宙化生于一源，进而启示、关照人类社会的存在和治理，以天命的神圣性赋予人道德权利，以人的心性主体践行自己的道德权利，以“替天行道”和“以身载道”的神圣信仰贯彻儒家的政治哲学和法制思想，自觉地以“圣人之治”为标榜，从思想原则和治道目的上限制世俗政治的权位，张扬和捍卫以“中和”的自然理性为基础的普遍人权，即自然的生命权利和道德的政治权利。

（本文作者系中国政法大学人文学院教授）

注释

① 陈寅恪先生在论述《大学》和《中庸》的历史及思想背景时说：“质言之，小戴记大学一篇所谓修身齐家治国平天下一贯之学说，实东汉中晚世士大夫自命为其生活实际之表现。一观后汉书党锢传及有关资料，即可为例证。然在西汉初中时代，大学所言尚不过为其时儒生之理想，而蕲求达到之境界也。（小戴记中大学一篇疑是西汉中世以前儒家所撰集。至中庸一篇，则秦时儒生之作品也。寅恪别有说，今不具论）”陈寅恪：《金明馆丛稿初编》，上海古籍出版社1980年版，第42页。

②《论语·泰伯》。

③ 刘宝楠：《论语正义》“泰伯”条，见《诸子集成》（第一卷），上海书店出版社1986年版，第166页。

④《礼记·礼运》。

⑤ 朱熹：《四书集注·中庸》。

⑥ 郭齐、尹波点校：《朱熹集·答陈同甫》（三），四川教育出版社1996年版，第1592页。

⑦《荀子·非十二子》。

⑧《周易·乾·象》。

⑨ 俞荣根：《儒家法思想通论》，广西人民出版社1998年修订本，第574页。

企业信用综合指数体系探索

文／马超

摘要：随着经济全球化和社会信息化的深入发展，企业信用信息数据源和信息复杂性呈现爆炸性增长。在我国社会信用体系不断发展的背景下，对于企业信用状况进行全面、动态和综合分析的评估工具仍比较欠缺。当前，已迫切需要加大对国内企业诚信和信用能力的动态研究，开发适合我国特色的企业信用综合指数体系。

一、开展企业信用综合指数研究的紧迫性

当前，我国社会信用体系建设已全面进入快速发展阶段。随着《社会信用体系建设规划纲要(2014–2020年)》(2015)、《征信业管理条例》(2013)、《关于在行政管理事项中使用信用记录和信用报告的若干意见的通知》(2013)、《关于公布失信被执行人名单信息的若干规定》(2013)、《企业环境信用评价办法(试行)》(2014)、《关于实行市场准入负面清单制度的意见》(2015)等系列政策法规的颁布实施，国内社会信用体系各项制度不断完善，监管不断强化。与此同时，信用缺失已成为我国经济社会发展的“瓶颈”。国家工商总局数据显示，2015年，全国被列入经营异常名录的市场主体达304.5万户，工商和市场监管部门共查处各类经济违法违章案件51.8万件，案件总值71亿元。此外，如恶意拖欠和逃废银行债务、逃骗偷税、制假售假、非法集资等屡禁不止，已经造成很大社会危害。以2016年年初，警方通报的“e租宝”集资诈骗、非法吸收公众存款案为例，涉案资金达500余亿元，涉及投资人约90万名。

在当前信息化高度发展和数据化发展的背景下，传统的评价方法和手段已经远远不能客观、动态地评估当前我国的企业信用实际状况，以及采取相应的应对措施。传统的问卷调查、数据搜索等信息收集方式已经不能满足企业信用综合指数的动态变动性、全面完整性、客观真实性的信息需求。当前开展的企业信用评级、行业信用评价及信用指数研究的种种缺陷，主要存在客观性不够、动态性不足、完整性不足、指导性欠缺等问题，难以反映企业信用的波动循环，难以反映企业信用各要素的状况，对企业信用的管理和政策引导作用不强。因此，构建能够客观、动态、全面地反映企业信用状态，了解企业信用的波动、循环状态及其规律的企业信用综合指数研究体系，意义

重大而尤为紧迫。

二、企业信用综合指数的概念

由于认识的维度不同，国内对信用定义的争论主要在于狭义和广义的不同理解。狭义的信用指经济主体以按期偿还为条件的交易关系和价值转移方式，它形成交易主体间的债权债务关系。狭义信用形式有商业信用、银行信用和消费信用等。广义信用指经济主体在经济活动中的狭义信用以及必须遵守的道德规范和行为准则。西方发达国家市场经济的历史悠久，法制健全，因而信用体系主要是围绕经济交易展开，属于经济金融领域的信用风险管理范畴。国外关于企业信用的定义和概念以国外完善的市场经济制度为前提，如完善的法律制度和私有产权等假定条件出发，利用数理方法建立模型并得出结论的。

作为国家社会信用建设纲领性文件，我国《社会信用体系建设规划纲要（2014—2020 年）》采用了广义信用的定义，指出社会信用体系以法律、法规、标准和契约为依据，以健全覆盖社会成员的信用记录和信用基础设施网络为基础，以信用信息合规应用和信用服务体系为支撑，以树立诚信文化理念、弘扬诚信传统美德为内在要求，以守信激励和失信约束为奖惩机制，目的是提高全社会的诚信意识和信用水平。这符合我国当前信用体系建设的实际，既体现了我国特色文化背景对信用概念的理解，也反映了现阶段我国社会信用问题的基本特征。

笔者认为，在研究国内企业信用的时候，要充分认识到我国所处的经济发展阶段和基本国情，我国企业信用建设面临强化信用风险管理和规范经营行为的双重命题。当前，国内对企业信用方面的研究，大多建立在对现状进行定性描述的基础上，比较偏重规范分析和定性分析，很少涉及实证分析和定量分析，特别是较少涉足理论和实证模型的建立。结合我国实际情况，经过分析国外经验，笔者认为，企业信用是指在市场活动中，企业遵守伦理道德、法律义务和市场规则，将诚实信用融入生产经营各环节的意愿、能力和实践的持续改善的过程。因此，企业信用可以从企业基础信用水平、信用实践能力和外部信用记录几个维度去观察和考核。

基于以上分析，笔者认为，企业信用综合指数是依据统计指数与统计评价理论，采用多层双向加权合成指数编制方法，选择一系列反映企业信用相关的指标，进行综合处理，用于全面反映企业信用动态变化的综合指数，由基础信用类指数、信用实践和信用记录类指数构成。在企业信用综合指数指标的搜索过程中，我们更侧重在社会信用体系环境下，从企业微观实践角度考察企业信用活动，包括意愿、承诺、行为和结果在社会中的客观呈现。

企业信用综合指数通过运用大数据理论对企业信用指标信息采集、汇总、分析、加工，反映样本企业的信用基础、信用实践和信用记录的对比变动、趋势的数据体系，同时能反映与社会信用体系的互动关系。样本企业是指可以独立统计的一个或多个企业单位。

三、相关研究比较分析

信用评级是国内外通行的较成熟的评价方式。以美国评级机构标准普尔的信用评级为例，其以“现金流量对债务的保障程度”作为分析和预测的核心，采用多变量指标，运用二维判断方法，主要对运营风险和财务风险等进行定量分析和定性判断，最终评定信用等级。信用评级主要用于评估信用主体和金融工具的信用风险大小。企业评级委员会在评级过程中发挥了关键作用。多年来，我国也借鉴国际信用评级经验，逐步建立了信用评级体系，主要的评级机构有中诚信国际、大公国际、联合信用、东方金诚等。

目前，国内有代表性的信用指数有中国城市商业信用环境指数、义乌市场信用指数等。中国城市商业信用环境指数主要以问卷的形式收集数据，该指标体系由信用投放、企业信用管理功能、征信系统、政府信用监管、失信违规行为、诚信教育和企业感受 7 个一级指标和若干个二三级指标组成。自 2011 年开始每年发布一次。义乌市场信用指数，由浙江省工商行政管理局、义乌市人民政府联合有关学术机构进行研发而编制建立。该指数以 2007 年 9 月为基期，以后各月信用指数与基期相比而得出，计算发布周期为一个月。从信用管理基础、市场主体状况、市场主体表现三个角度，显示本区域内市场信用的建设发展运行状况、波动性、未来趋势。

自2008年席卷全球的国际金融危机爆发后，各个国际评级机构的拙劣表现使得信用评级的价值以及评级机构的专业性和独立性受到严重质疑。这也是高度社会化的信用关系与落后的信用评级体系矛盾发展到一定阶段的产物，是信用评级体系不适应信用社会化发展的必然结果。作为新型的评价方式，信用指数的发布架构层次分明、内容涵盖广泛且具有较强解读性和实践指导性。但是由于仍采取了传统的问卷调查，数据信息量不够完整，报告发布周期过长，或者样本范围有限，不能动态、全面、客观反映真实情况。当前，还缺乏应用大数据挖掘技术对市场主体企业信用综合指数的开发，进行采集、导入和预处理、统计和分析，以及挖掘形成数据，再通过经济指数计算公式运算得出，尚属空白。

四、企业信用综合指数的理论基础及指标体系

基于交易成本、企业制度变迁、企业诚信、大数据等理论基础，本研究构建了企业信用综合指数理论框架，如图1所示。企业信用意愿、能力和状况是企业信用综合指数的核心，体现在三个层面：生产经营层面、生产要素层面和社会环境层面。整个框架以四大理论为前提，围绕企业信用的核心，以生产经营、生产要素层面为基础，社会环境层面为顶层表现，形成一个稳定的三角结构，如图1所示。

企业信用综合指数指标体系分为三个层级，第一层级为企业信用总指数；第二层级为指数分类，包括基础信用、信用实践和信用记录三类，第二层级不形成单独指数；第三层级为分项指标。指数分类，基础信用类包括4个分项指标：公司治理、经营者素质、理念与教育、财务状况；信用实践类包括6个分项指标：产品服务、安全生产、环境责任、劳动关系、供应链管理、风险管理；信用记录类包括3个分项指标：社会评价、监管部门信息、荣誉与公益。根据各行业特点，分项

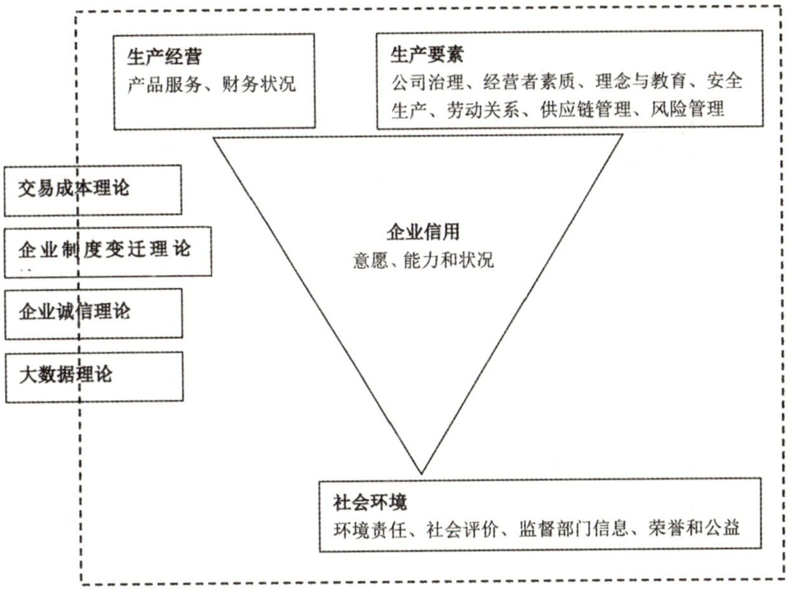

图1 企业信用综合指数理论框架

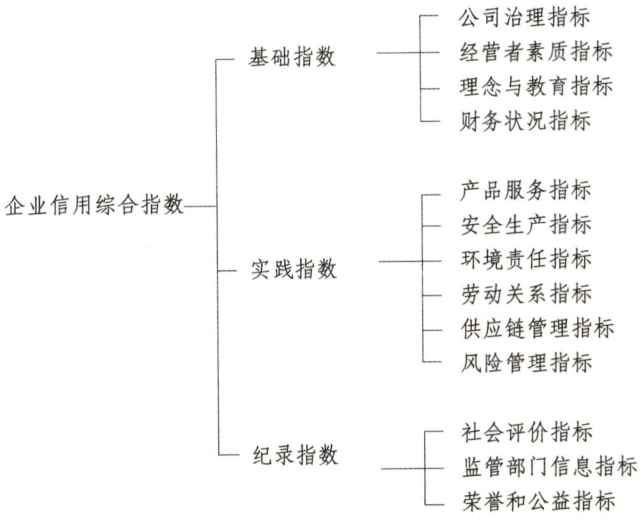

图2 企业信用综合指数指标构成

指标内容有所差别，如图2所示。

五、企业信用综合指数的模型构建

（一）大数据分析和企业信用综合指数

随着信息化时代的到来，互联网的深入发展，数据承载量非常大，任何数据都可以成为信用的一部分，即我们可以利用数据与信用的关联度，深层次挖掘信用数据。数据源和信息复杂性的爆炸性增长使得人工分类和分析变得难以完成且不经济。当前，企业信用综合指数面临信息采集难、辨伪难、评价难、跟踪难等困境。而大数据理论的不断发展，从信息技术角度对企业信用综合指数数据的采集和分析带来可操作性的可能。

大数据理论对经济统计学的影响巨大，维克托　迈尔－舍恩伯格和肯尼思　库克耶是大数据的最早研究者，他们认为大数据就是，不用随机分析法（抽样调查）这样的捷径，而采用所有数据进行分析处理。大数据的海量信息在时空上具有传统抽样数据无法比拟的广度和深度，其全样本的性质能够最大限度地避免个人经验有限性对研究过程客观性的负面影响。因此，企业信用综合指数的研发体现了以下几个特征：1. 动态性，是企业信用综合指数动态信息最显著的特征；2. 完整性，包括政府职能部门的公共监管信息、银行信贷信用信息，还有来自于市场的消费者、交易对方、合作伙伴、员工等角色的信用信息；3. 客观性，信用由信息构成，充分的信息量，才能全面、准确反映个人或企业的信用状况。因此，企业信用综合指数信息采集，采用大数据方式，全面、完整地采集样本企业的公开信用数据，既包括正面信息，也包括负面信息。

（二）指标体系、权重及赋分

指标的权重是指数构建的关键因素。目前，权重赋权的方法有两种：一是层次分析法，是客观性较强的方法；二是专家分析法，是主观性较强的赋权方法。由于专家主观判断可能会对指标掌握不够充分而产生认识偏差，进而导致所确定的权重不够准确，本研究采取层次分析法。

首先，构造企业信用综合指数分项指标判断矩阵，对分项指标进行对比，赋予特征向量。其次，根据分项指标特征向量计算权重向量，确定分项指标权重：

（三）分析样本和数据来源

企业信用综合指数数据来源于互联网，由于互联网上的信息量十分巨大，并且形式多样，仅依靠人工的方法难以应对网上海量信息的收集和处理。因此，应该建立企业信用数据平台，它具备以下功能：1. 企业信息分析引擎。它是企业信用数据平台的核心功能，包括：企业信用信息识别，信息倾向性分析，信息主题跟踪，信息趋势分析，统计报告等功能。2. 自动信息采集功能。企业信用数据平台运用的是最先进的聚焦爬虫技术。企业信用数据平台搜索引擎使用聚焦爬虫技术对全球范围内的网页进行检索。根据设定的企业目标自动信息采集完成信息收集任务。3. 信息抽取功能。对收集到的信息进行处理，如格式转换、数据清理，数据统计。需要滤除无关信息，抽取并保存信息的标题、出处、发布时间、内容、点击次数、评论人、评论内容、评论数量等。

企业信用数据平台对数据处理可分为三步，即数据挖掘采集、定性分析和量化处理：1. 数据挖掘采集。首先界定数据采集范

企业信用综合指数分项赋权

F1	F2	F3	F4	F5	F6	F7	F8	F9	F10	F11	F12	F13
10	8	3	13	13	10	5	7	6	4	15	3	3

F1至F13分别为：公司治理、经营者素质、理念与教育、财务状况、产品服务、安全生产、环境责任、劳动关系、供应链管理、风险管理、社会评价、监管部门信息、荣誉与公益分项指标。

围；其次界定数据采集内容，从企业名称内容和分项指标内容两个维度界定；再次界定数据采集周期；最后数据挖掘采集，数据符合率在80%以上。例如，构建2015年10月的某企业公司治理指标。（1）数据采集范围：全网络中文包括繁体中文信息，包括论坛、博客、新闻、微博、微信等；（2）企业名称内容：可按照标准进行抽样，如某行业、某地区选取样本企业。名称包括全称和简称以及俗称、旧称等；指标内容：公司治理，包括公司治理、现代企业制度以及信息披露制度等内容；（3）采集周期：按照周、月、季度、年等；（4）根据以上设定某公司采集数据共计3235KB，相当于1656320字。信息中已经滤除了重复信息以及名称地址、广告等无效信息。2. 数据定性分析。首先，确定语义识别词语，一般按照正面和负面区分；其次，数据定性区分，一般定性可按照正面、负面、有正面有负面、无正面无负面四种性质区分。本研究采用非负面区分，即无负面信息为正面信息，数据总量分为正面信息和负面信息。定性分析得出某企业样本，2015年10月1日至10月31日，3235KB公司治理信息中，正面信息共计2677KB，相当于1370624字。3. 数据量化处理。将定性分析后的数据，计算数据量，得出企业的分项指标的数据正面率，得出目标企业的分项指标值。

六、指数模型和测算方法

按照企业信用综合指数统计对象范围划分，企业信用综合指数属于总指数，总指数的研究方法可以分为综合指数法和平均指数法。指数研究方法各有利弊，综合指数法有方法比较简单、经济含义清晰、容易理解、比较准确的优点，同时也有只能用同向指标的缺点。

企业信用综合指数使用综合指数法（加权综合指数法）构建，计算公式为：

$$\gamma=\sum_{\iota=1}^{\chi}\gamma_\iota\,\omega_\iota=\sum_{\iota=1}^{\chi}\frac{\chi_\iota}{\chi'_\iota}\,\omega_\iota$$

其中γ为企业信用综合指数，γ_ι为分指数，χ为分项指标，χ_ι为ι项分项指标，χ'_ι为分项指标标准值，ω为权重，ω_ι为ι项权重。

首先，分项指标值计算，分项指标＝分项指标值／分项指标标准值×分项指标各权重。分项指标标准值设定为同周期各企业分项指标中的最高值。其次，二级指数和总指数计算。分项指标合并计算二级指数和总指数。

七、结论

通过对企业信用综合指数的研究，可通过对选取的企业样本，在互联网上的海量信息，运用云计算技术，数据采集的动态性和及时性大幅提高，实现动态采集。通过综合指数方法构建企业信用综合指数，能够清晰地反映企业信用状况上升、稳定、下降的波动特征以及转折点，提高了信用评价的完整性。随着企业信用综合指数的发布，采集数据的积累、统计模型的优化，企业信用综合指数还可深入挖掘和分析，开展比较性和关联性研究，可成为政府决策、部门监管、行业指导的依据参考；同时也有助于引导国内企业规范经营，加强信用体系建设，增强风险防范能力，提升综合竞争力，促进企业可持续发展。

（本文作者单位：中国企业联合会）

参考文献

1. 盘永胜：《我国社会信用体系建设的发展历程》，载《党政干部参考》2014年第14期。

2. 姚益龙等：《企业信用与企业成长：理论与实证研究》，经济管理出版社2009年版。

3. 刘鹏：《企业诚信建设读本——诚信建设和信用管理创新与实践》，企业管理出版社2012年版。

4. [英]维克托·迈尔－舍恩伯格、肯尼思·库克耶：《大数据时代》，浙江人民出版社2013年版。

人民政协民主监督是政务诚信建设的重要环节

文／王文哲

“人无信不立，国无信则衰。”诚信是一个人、一个组织、一个民族、一个国家立足于世的自信与担当。与其他主体不同，政务诚信体现的是政府的信用和责任。党和政府高度重视政务诚信建设，将其作为整个社会诚信建设的重中之重和首要目标，作为社会主义市场经济条件下建设和谐社会和加强自身执政能力建设的重要内容。[①] 2016年12月30日，国务院《关于加强政务诚信建设的指导意见》公布。该意见中明确要求，要探索构建广泛有效的政务诚信监督体系。建立政务诚信专项督导机制，实施政务诚信考核评价。建立横向监督机制，各级人民政府要依法接受同级人大及其常委会的监督，接受人民政协的民主监督。由此可见，人民政协民主监督已经成为推动政务诚信建设的重要途径，但如何发挥好人民政协民主监督的作用，是需要积极探索和实践的重大课题。

一、充分认识民主监督对推动政务诚信建设的重大意义

党的十八大提出“加强政务诚信、商务诚信、社会诚信和司法公信建设”，其中，政务诚信位于第一位。政务诚信何以如此重要？因为政务诚信是社会信用体系建设的关键，各类政务行为主体的诚信水平，对其他社会主体诚信建设发挥着重要的表率和导向作用。反观现实，某些地方和政府部门决策随意、朝令夕改，承诺不兑现、政策不落实，或者拖欠工程款导致民工工资被拖欠。各级政府和公务员的失信行为，对整个社会的诚信建设带来了严重的负面影响。那么，对于屡屡出现的政府失信行为，除了依靠法律约束和公务人员的自律，还能依靠什么来改变呢？这就需要发挥人民政协的民主监督作用。

早在1945年，对黄炎培先生提出的“其兴也勃焉，其亡也忽焉”的周期率问题，毛泽东同志作出回答：我们已经找到了新路，我们能跳出这周期率。这条新路，就是民主。只有让人民来监督政府，政府才不敢松懈。《中国人民政治协商会议章程》（简称《政协章程》）第一章第二条也明确规定：民主监督是对国家宪法、法律和法规的实施，重大方针政策的贯彻执行、国家机关及其工作人员的工作，通过建议和批评进行监督。由此可见，人民政协的性质、地位、任务和职能，决定了政协的民主监督的特点和优势。

第一，政协民主监督是一种高层级同向性监督。人民政协作为我国政治体制架构的重要组成部分，作为中央和地方的领导班子之一，其所开展的民主监督是一种权威性监督。同时，人民政协是中国共产党领导的多党合作和政治协商的重要机构，是中国共产党同各民主党派进行民主协商和相互监督的重要平台，这种党派间的监督必然是高层次的监督；政协民主监督与政务诚信建设在目的上具有同向性，都是为了科学化、制度化、规范化地开展政务工作，使党政部门的履职活动更加符合宪法和法律规定的程序，更大程度地获得广大人民群众的认同，有效地提高执政效率。

第二，政协民主监督是一种具有广泛民意基础的群众性监督。政协委员是来自各党派、各团体、各民族、各界别的代表，还包括港澳台同胞、归国侨胞和特邀人士的代表等，政协组织能够从不同角度、不同层面，反映社会各个方面的意见和看法，体现多方利益和意志。将其运用于政务诚信建设中，有利于拓宽监督渠道、强化群众监督，也有利于执政党的各级组织和干部听到来自不同层面的意见、建议和批评，从而更有针对性地开展诚信体系建设工作。

第三，政协民主监督是一种有组织的规范性监督。政协的民主监督由政协组织通过提案、视察、调研和不同层次会议提出意见、批评和建议等方式来进行，有一定的程序和制度作保证，是在我国政治体制内的规范运作，是在正常民主渠道中的有序实施，能够避免无序监督引起的社会负面影响。将政协民主监督运用于政务诚信中，扩大群众有序的政治参与，是促进政务诚信建设有力、有效开展的必然选择和重要举措。

第四，政协民主监督是一种公正的多样性监督。就组织者而言，政协机关作为非权力机关，其对权力机关和权力运作中的民主监督，是在一个相对超然的位置上的监督，容易排除主观情感、利益上的纠葛，能比较公正、全面地了解监督客体的各种情况，实施的监督客观真实；就参与者而言，政协委员中相当数量的人员不在党政领导岗位上，亦官亦民的身份，比较超脱的位置，较少利益的驱动，使他们能够比较客观地针对党政部门存在的某些失信问题进行监督，提出建议和批评更大胆、中肯。同时，人民政协的民主既有政协组织的整体监督，又有党派、界别的特有监督，还有委员的个人监督，在一定范围内用一定的形式构成多层次、立体化监督格局，监督渠道比较畅通，监督的主体之间沟通便捷，体现了民主集中制原则。这些优势和特点，决定了政协民主监督在促进政务诚信建设中具有其他监督形式无法比拟、不可替代的重要作用。高度重视、充分发挥政协民主监督的作用，必将有利于助推政务诚信建设富有成效地开展。

二、人民政协民主监督在发挥作用过程中存在的问题

近年来，各级政协组织认真履行《中国人民政治协商会议章程》和《中共中央关于加强人民政协工作的意见》赋予的职能、责任，积极开展民主监督，并将其延伸到政务诚信建设领域，收到了一些成效。但民主监督作为人民政协的三大职能之一，仍是其中的短板，人民政协对政务诚信建设的民主监督，还存在着主动性、经常性不够，广度、深度、力度不够等问题。

首先，监督力度有待提高。一些单位和公职人员之所以存在失信行为，主要是因为监督不力。不少监督者和被监督者在对人民政协民主监督的性质和地位、对象和内容的理解上存在认识疑虑，民主监督意识淡薄，往往我行我素。有时面对民主监督中所提出的批评意见，没有件件得到反馈，仍然存在“有去无回，说了白说”等现象。

其次，监督工作有待规范。缺乏顶层设计和制度安排，一些党政部门对推行政务诚信建设存在很大的随意性。由于体制、机制和指导等深层次问题，当一些部门和人员出现诚信危机后，也想着要钻空子，“打擦边球”，这不仅给监督带来了难度，也让政府公信力建设失去了基石。[②]

最后，监督意识不强。人民群众受历史因素影响，至今要求主动参与监督政府的意识还不够强，虽然近些年来，随着网络的发展，群众自发监督有所改善，但是各自为战、缺乏互动、沟通不畅问题仍然存在，监督构不成体系，形不成合力。就政协民主监督的具体工作而言，如何以制度与法律来保障并规范对政务诚信建设实施民主监督，并用国家意志对民主监督予以保障；如何保障监督者的权利与安全，防止与严惩对监督者进行打击报复等行为，均尚需我们进一步研究。

三、关于发挥政协民主监督在政务诚信建设中的重要作用的思考

推进政务诚信建设科学化、规范化开展，应充分发挥政协组织位置超脱、联系面广的优势，积极探索政务诚信建设与人民政协民主监督的有机结合，把政务诚信建设工作纳入人民政协的民主监督中，寓监督于支持之中，以监督促发展。

一是做好顶层设计和制度安排。站在党和国家利益的高度，设计全方位的监督体系，把党内监督、人大监督、行政监督、司法监督、群众团体和公民个人的监督、政协及民主党派的民主监督、新闻出版部门的舆论监督统一起来，构成一个各司其职、各负其责、互有侧重、相互补充、统一协调、构成完整的监督体系。按照法律、法规、政策和章程，简要界定各自在监督中的地位和功能。对自觉接受民主监督、虚心采纳政协意见、积极改进工作的党政部门予以表彰，以达到典型带动、整体推进民主监督的目的。

二是建立信息反馈制度。党政部门要在适当的时候向政协通报政务诚信建设工作情况，也可应政协的要求，不定期通报有关情况，征求政协委员的意见和建议。人民政协利用在信息获取方面具有的独特优势，及时将发现和收集到的有关问题反馈给各级机关部门，建议党政部门对出现的问题进行查处，并及时向政协机关和联名的政协委员书面反馈结果。

三是推进特约监督制度。可由政协组织选派一些有较强参政议政能力、敢于直言相谏的政协委员担任一些政府部门的特邀监察员、教育督导员、行风评议员等，发挥他们业务熟悉、地位超脱、联系广泛等优势，对有关部门执行政策法规、勤政廉政、行风建设、内部管理等事项进行监督评议，或者提出建议、批评和举报等，弥补了权力监督的某些不足。政协要完善《民主监督员工作办法》，加强对特邀监督员的教育管理，引导他们认真履职，公正监督，无愧于特邀监督员的称谓。

四是要保护政协委员民主监督权利。各级党政部门要把接受民主监督作为加强自身政务诚信建设的一项内容。保证委员行使民主监督的权利和发表各种意见的民主权力。[③] 对委员的批评、举报进行压制和打击报复的应视为侵权行为，并依照有关规定严肃处理。

（本文作者单位：河南省平顶山市政协）

注释

① 郝建臻：《政务诚信是社会诚信之本》，载《检察日报》2013 年 8 月 29 日。

② 时效文：《试论新形势下的政务公开与民主监督》，载《经济研究导刊》2013 年第 31 期。

③ 宋黎明：《关于政协民主监督的几点思考》，载《民主》2008 年第 1 期。

参考文献

1. 顾爱华、舒光大：《论“诚信政务”建设》，载《中国行政管理》2003 年第 12 期。
2. 鄂振辉：《我国政府诚信问题探究》，载《法学论坛》2005 年第 6 期。
3. 刘莘：《诚信政府研究》，北京大学出版社 2007 年版。

诚信是企业发展的基石

——杭州世尊投资管理有限公司的实践启示

文／程文元

自古以来，诚信便是中华文化中极为重要的基因元素。在当今这个经济飞速发展的时代，诚信不仅是每个人，也是每个企业的立身之本。人与人的交往需以诚信作底，而在企业的建设发展过程中，诚信更是必不可少的基石。

2012年9月24日成立的杭州世尊投资管理有限公司，深知诚信的价值与影响力，自创立至今，始终将诚信作为企业生存的根本，并将诚信贯彻落实到工作的每一个环节。该公司立足杭州，面向长三角，积极响应国家“藏金于民”政策，主营实物金银销售，上海黄金交易所黄金、白银的现货交易交割，金银个人延期交易与金银租赁等业务，取得了极佳的业绩。其成功的关键，主要在于有一位以诚信为本的当家人吴成弟。

作为拥有经济师、高级黄金交易员、高级黄金分析研究员等多种头衔的专业人员，吴成弟自2012年起任职世尊公司董事长，有着近20年专职从事股票、黄金、白银等产品交易的实战操作经验。从

2005年11月取得工商管理经济师职称时起，吴成弟便开始从事经济、金融工作，在2007年更是取得了上海黄金交易所高级黄金交易员证书及中金公司的高级黄金研究员证书，为该公司的发展作出了突出贡献。

“以人为本、诚实守信、高效稳健、务实创新”，是该公司自创建以来就十分明确的企业文化。长期以来，该公司一直以“为客户创造持续稳定的收益”为宗旨，奉行“研究创造价值，专业创造财富”的服务理念，用诚信的态度、敬业的精神、优良的业绩为客户追求利益的最大化。就是在这样一种鲜明的企业文化环境中，该公司经验丰富的专家团队，为客户提供着可靠而便捷的黄金买卖服务，协助客户进行财产配置。与此同时，作为上海黄金交易所黄金业务推广机构，该公司一直严格遵守上海黄金交易所的各项交易流程，并把对黄金市场的研究成果全心全意地回报客户，以达到帮助客户的投资增值。

从最初的一家纯投资管理型公司发展到现在，该公司已成为在浙江省乃至全国都具有一定影响力的专业黄金投资服务商。2015年和2016年，该公司分别当选“浙江金融投资优秀企业”与“浙江金融明星企业”。目前，该公司已拥有多家直营门店，并在全国成立了多家分支机构，大大提升了公司的实物金银品牌终端形象。除了线下门店之外，该公司还以金、银为载体建立了O2O网上销售模式，不仅为个人，还为政府和企事业单位等群体提供着专业的贵金属定制服务，以满足各方客户的个性化需求。

我国战国时期的思想家墨子说过：“诚信者，天下之结也。”杭州世尊投资管理有限公司的实践经验，或许可以作为我们从事企业开拓发展的重要借鉴。

文 / 张国有

将“诚信、廉正”作为企业成长之根本

——以跨地区、多元化、外向型民营企业海亮集团为例

海亮集团有限公司的前身是创办于1989年的浙江省诸暨县铜材厂，初始资本只有16万元人民币。1999年，海亮集团成立。2001年，“以人为本、诚信共赢”成为企业文化的核心。2015年，海亮教育在美国纳斯达克全球市场挂牌上市。

海亮集团以构建和谐生态文明社会为己任，形成了以有色金属、地产建设、农业食品、环境保护、基础教育、金融服务为主体的海亮集团产业体系，拥有境内外五家上市公司，成为六大产业齐头并进的跨地区、多元化、外向型的民营企业集团。海亮集团先后荣获“全国五一劳动奖状”及“全国文明单位”“全国模范劳动关系和谐企业”“全国企业文化示范基地”等荣誉称号。

将“诚信、廉正”作为集团文化之根本

海亮集团文化的“根”和“本”是什么？是“诚信、廉正”。1989年，冯海良先生创办诸暨县铜材厂的时候，就提出“诚信立企”的信念，坚持经营以至诚为“根”，合作以守信为“本”。27年来，企业一直坚守对客户的诚信、对员工的诚信、对股东的诚信、对历史和未来的诚信。

海亮集团领导层认为，失信只能得逞一时，守信才能得益一世。做任何事情都必须坚持以诚信为本，不讲信用的企业是没有出路的。海亮集团在浙江民营企业中首推《失信赔偿制度》；在企业内构建诚信体系，把诚信纳入企业制度；与员工签订诚信协议，建立员工诚信守则和职业信誉档案；在官网上设立失信曝光平台等，倡导建立产业链的诚信生态圈。在企业发展中，要使员工群体成为持续、高效、合作的战斗集体，企业就必须对员工讲诚信，企业给予员工的承诺必须兑现。

坚守品质和诚信在中国具有战略意义。目前，产品造假、企业失信已经不是个别现象。这种失信环境不但侵蚀这一代，还影响下一代，遗患无穷。海亮集团坚守诚信，坚守确保按时、保质、保量将产品送达客户手中，将服务带给客户；确保按时归还银行贷款和利息；确保按国家规定上缴各项税金；坚守企业应坚守的诚信承诺。

在坚守诚信、坚守品质的同时，海亮集团的干部和员工还坚守廉正。廉洁正气、阳光坦诚是海亮人的办事风格和工作作风。海亮集团在企业内部发挥制度的约束力、文化的熏陶力、教育的影响力、监督的震慑力，营造了风清气正的工作格局，推动整个企业规范、健康地发展。海亮集团坚持对社会的诚信承诺和廉正品质，更重要的是将“诚信、廉正”作为企业之根本，渗透于企业行为中，使每位员工、每位管理人员、无论做事还是做人都要坚守“诚信、廉正”。

从企业自身发展历史中提炼企业的观念体系

自企业建立以来，海亮集团从自身发展经历中提炼、建立了一整套的企业观念体系，这个观念体系不断地完善，并鼓舞着员工，规范着员工的行为。

海亮集团有25条箴言似的价值观信条。除了我们知道的“以人为本，诚信立业，利益共享，共筑辉煌”的核心价值观以外，还有人本理念“为客户创造价值，为股东创造利益，为员工创造前途，为人类创造财富”；廉洁理念“清清白白做人，干干净净做

事，老老实实创利”；经营理念“眼睛盯在市场上，功夫下在质量上，效益出在管理上”等。朴实的、从自身实践中提炼的价值观不仅能够被员工自然地接受，而且能更有效地影响员工的行为。

这个价值观信条体系从企业诞生到现在，一直在丰富扩展着。近几年，海亮集团将“为顾客提供超越的价值，为股东创造丰厚的利润，为员工铺设成长的平台，为伙伴营造共赢的局面，为社会作出最大的贡献”作为其基本理念，阐释了对关键关系人的态度；将“铸百年卓越海亮，创国际经典品牌”作为集团愿景；将“高效、卓越、服务、奉献”作为行事准则；将“以人为本，诚信共赢；高薪高效，阳光坦诚”作为集团的价值观。

观念体系将来还会继续延伸。当然，海亮集团还要进一步理顺各个观念之间的关联，还要将其转化为具体的管理规则和行为规则，更重要的是要用规则去培育员工的行为，使其成为公司的发展力量。之所以能够形成观念体系，关键在于集团的领导人和管理者善于观察企业成效，善于总结经营规律，整理强化原本松散状态下的意识，将其系统化为清晰的理念，为员工的行为提供了依据和准则，这种系统化的观念和规则一旦被员工所掌握，就会有很大的控制力和影响力，一旦成为员工的行为，就会产生巨大的力量。海亮集团和更多的浙江企业能更好地总结自己的经验，形成自己的切实的企业驱动力：可行的理念和文化。

建设有成效的多层联结和多元凝聚的集团文化

海亮集团拥有几十家全资或控股子公司，并以铜加工产业为核心，以房地产、金属贸易、基础教育、节能环保、股权投资、商业百货等为主体，从事国际化经营。在这种多元业务构成、多地域分布、多国家经营的状态中，海亮集团拥有着大约1万人的员工和管理人员。这是一支大队伍。这支队伍在不同的领域工作，但又相互合作。这说明集团有一种联结的力量、协调的力量和凝聚的力量，形成了集团性的企业文化。不管集团的企业文化如何表达、如何体现，集团的企业文化必须有成效，而且这个成效经过了长周期后，依然可以再现，由此说明了文化的推动和运行力量。

海亮集团由小到大，20多年成效显著，尤其面临世界金融危机时，许多企业的业绩颇受影响，但是海亮集团的营业收入依旧增长。据董事长介绍，集团到2011年11月底，营业额为602亿元人民币。笔者大致算了一下，从2008年到2011年，营业额年增长速度平均在20%以上。这说明企业在多元结构的条件下能够长周期运转，并在环境恶化的情况下具有抗风险的能力。最近，笔者看了海亮集团的有关资料，就年营业额而言，2011年为676.2亿元人民币，2012年为784.6亿元人民币，2013年为1008.34亿元人民币，2015年为1401.61亿元人民币。2011年至2015年，营业收入年均复合增长率约为19.99%。

海亮集团有着多元化的产业体系。每一块都有一批子公司、分公司在运作，每一块都有与业务特征相关的企业文化。这些文化不仅具有推动具体业务发展的能动作用，而且和集团文化相协调，在集团文化的引导下，形成自己的特色体系。

例如，在有色金属领域，海亮集团的海亮股份有限公司致力于高档铜产品的研发、生产、销售和服务，成绩挺好。2008年1月，海亮股份有限公司在深圳证券交易所上市。在国内，海亮股份有限公司在浙江、上海、安徽、广东等处建有生产基地；在国外，在越南建有生产基地，并与全球188个国家和地区的800多家客户建立长期的业务合作关系，在铜管、铜管接件等铜产品方面具有很强的国际竞争力。

海亮股份具有较强的自主创新能力，在空调与制冷用铜管、铜水（气）管及管件、铜合金管、精密铜棒的工艺、模具及新产品开发等方面取得了明显的技术突破，在铜加工行业具有成熟的技术工艺和生产管理经验。这种业务与技术特色影响着海亮股份文化体系的具体内容。

海亮股份的文化体系与海亮集团的文化体系既有联系又有区别。例如，海亮股份将“务实、创新、高效、卓越、服务、奉献”作为企业精神，后四个与集团相同，“务实、创新”则是自己的提炼，反映了海亮股份做实事与不断创新的意愿。海亮股份的使命“为顾客提供超越的价值，为股东创造丰厚的利润，为员工铺设成长的平台，为伙伴营造共赢的局面，为社会作出最大的贡献”和“以人为本，诚信共赢；高薪高效，阳光坦诚”等集团的价值观，在这些方面采用了集团的指导思想。但在愿景方面，海亮股份的愿景是“成为引领铜加工行业发展的国际化百年企业”，这和集团的“铸百年卓越海亮，创国际经典品牌”有些不同，强调了铜加工的业务特色。

企业文化有成效，在于整个集团对各个子公司、分公司具有协调和凝聚的力量，整个集团企业文化有成效，各个分支企业的企业文化也有成效，集团与分支企业共同形成集合的文化体系，推动整个集团业务的发展。

企业文化不但为过去更为将来提供动力

海亮集团希望在做好现在的基础上做好将来，希望集团持续发展，基业长青。未来，海亮集团靠什么成长？靠铜产业、靠基础教育、靠房地产、靠国际贸易，现在都不能下定论。因为，在未来，外部环境和内部条件会发生很大的变化。但有一点可以肯定的是，企业未来发展要靠企业人的这支队伍，关键在于这支队伍用什么理念去指导、用什么机制来规范、形成什么样的团队传统来应对未来的挑战。也就是说，未来要靠理念、靠机制、靠团队，总起来说是靠文化。因为文化是企业的运行力量。

以铜管为例，其生产线全世界可能相差无几，但生产线的效率、质量、成本等就取决于什么样的群体在生产线上工作，即这个群体有什么样的文化，就有什么样的效率、质量和成本。如果业务定位是“在铜管铜棒加工领域具有国际竞争力，以铜加工为主进行多元化经营，成为国际化的企业集团”，那么，未来企业仍以铜产业为核心，那可考虑的重大问题就多了，否则维持不了现在的优势。海亮集团的使命是建设“品德高尚的企业集团”。品为“品质”，德为“德性”，品质不高，德性不好的企业，难以在世界上立足。海亮集团着眼于未来发展，其文化的示范意义不仅为过去提供了动力，更重要的是还为将来提供了动力。如果能在人与人的群体上下功夫，在企业文化上下功夫，将企业的规则、机制和习惯做好，这支队伍，无论做什么事情，都能做好。

除有色金属领域之外，海亮集团还在进军有机农业及安全健康食品行业。通过自主建立生产、加工、储运、销售的精细化食品生产体系和全程可追溯的信息化管理模式，海亮将为消费者提供可信赖的高品质健康食品。海亮集团的健康食品与有机农业已在全国建立了 20 多个区域农业种植养殖生产基地，在北京、上海筹建了配送中心。海亮集团投资建设海亮教育园，坚持“精品化、特色化、国际化”的办学理念，建立了幼儿园、外国语学校、天马实验学校、私立诸暨高级中学等教育机构。海亮教育始创于 1995 年 8 月，现在从幼儿园到大学预科教育的各年龄段教育基本成形。海亮集团于 2007 年进入节能环保领域，现拥有四家专业的节能环保公司，经营范围涉及废水、废气工程治理和设备开发、节能设备生产及销售、SCR 脱硝催化剂等环境新材料开发、有机固废资源化技术及设备开发等。海亮集团还进入了金融领域等。应该说有多少分支机构，就应该有多少分支文化。因为分支不同，业务不同；业务不同，文化也会不一样。

海亮集团对未来的发展领域有明确的意识和指导思想。例如，海亮集团认为，面对当前全球气候变化的挑战和日益突出的环境污染问题，海亮节能环保产业发展空间巨大，前景广阔；在有机农业方面，海亮集团以“保护和改善生态环境，帮助农民增加收入”为己任，以“青山绿水出良品，健康绿色育美食”为理念，力争成为中国生态食品领军生产企业；在基础教育方面，海亮集团成为中国民办教育的领先者。

不同的产业有不同的业务特征，不同的业务特征具有不同的文化体系。多年来，海亮集团从单纯的加工型企业转变为复合型集团，多元跨界，以卓越的人才和领先的技术、有特色的文化为驱动力，致力于解决最具挑战性的议题。海亮集团将对产品的关注提升到对社会及人的关怀，更以责任为心、诚信为本，领航前行，成就了集团文化，也成就了不同的产业文化。它们共生一体，不断发展。

海亮人始终认为，企业要对社会负有责任。企业在任何时候都要坚持诚信品质和廉正品质，将“诚信、廉正”作为企业发展之根本。不谋全局者，不足于谋一域；不谋未来者，不足于立当下；不体恤他人者，不足于被帮助。无论现在还是将来，海亮人总是希望海亮的事业，在诚信与廉正中，能更多地惠及民众、惠及社会、惠及世界。这正是海亮集团企业文化的方向及动力所在。

（本文作者系北京大学光华管理学院教授，经济管理学部主任，曾任北京大学副校长、校务委员会副主任）

找上门来的女人

文／李迪

编者按： 本文作者李迪是我国著名侦探推理小说家，其代表作《傍晚敲门的女人》在20世纪80年代发表后，相继在俄国、法国、韩国出版，开了中国推理小说走向世界之先河。近些年来，李迪笔耕不辍，用饱满的激情创作了一部又一部脍炙人口的优秀纪实文学。《丹东看守所的故事》由群众出版社出版后，荣获国家“三个一百”原创图书出版工程奖、公安部金盾文学奖；本文是其中精彩篇章，讲述了一个小老板在小三与妻子之间进行艰难抉择的故事。它告诫人们只有对家庭诚信，才会有真正的幸福。现征得作者同意，《中国诚信文化》特予以刊发，以飨读者。

一天下午，一个女人走进警务室，打扮入时却满脸怒气，好像我欠了她五斗米。

你是这儿的警官吗？

我是。

你是不是姓陈？

是。

我有事你管不管？

我愣了一下，什么事？你讲。

你还我钱！

嘿，这真是躺着中枪啊，我都不认识你，你怎么跟我要起钱来了？

欠我钱的人就在你这个辖区，你要管！

你云里雾里的，到底什么事，你好好说！

她掏出一张纸。这是一个男人写的保证书，保证五年以后跟自己老婆离婚，跟她结婚，否则就赔她5万块钱。

我一看，好啊，原来是这么回事，顿时火冒三丈。我把桌子一拍，啪！你这个不要脸的东西！你插足人家家庭，还拿这个破条子来敲诈！看我不收拾你！

她被我一吼，吓傻了。

你要识相，趁早给我滚出去！

她拔腿就跑了。

人跑了，事情没跑。我私下了解到，写保证书的是浴室老板杨亮。他刚来辖区一个多星期，承包了一个浴室。这个女人叫孔春，三十来岁，丈夫出事被判了七年，她自己出来混生活，傍上了杨亮。我没有声张，这毕竟涉及人家的隐私。

过了几天，我来到浴室做例行检查，发现孔春跟杨亮都在。他们俩好像和好了。孔春见了我特害怕，如同老鼠看见了猫。她先是转来转去，后来开始讨好我，给我削了一个苹果，又把茶倒好。我斜她一眼，没吱声。后来杨亮私下跟我说，孔春一见到我腿就抖。我说，小杨，你家里有老婆和孩子，又跟孔春不清不楚的，这叫怎么回事？当然，你是做老板的，有你的生活方式，但我觉得起码的道德底线是要有的。杨亮说，陈警长，你不知道，她跟我时间不短了，帮了我很多忙，对我还是蛮贴心的；现在她在浴室管财务，我没个管财务的也不行。

我心想，这终究不是个事儿，很多案件的发生都是小三插足引起的。我要想办法做杨亮的工作，让他早日结束这种不正常的关系。

一天，杨亮要回老家过40岁生日，他请我去，还请了社区主任等几个人，去参加他的生日宴会。我答应了。为什么？我正想到他家去，看看到底是个什么状况，他妻子是做什么的，人品如何，长相如何，家里情况怎么样。我正好去深入了解，摸摸底。再说，他家离扬州市区也就个把小时车程，耽误不了多少时间。既然是摸底，我就做了准备，带了个DV。那时候，不像现在用手机就可以拍了。

我从杨亮一出门就开始拍，一直拍到他老家。我说，小杨，你过生日很喜庆，我给你来个全程录像，到时候刻成光盘给你留念。杨亮很高兴，觉得自己很风光。

杨亮的老家在高邮市一个农村集镇上，家里地方很大，二层小楼，大门口按习俗搭起帐篷，还有充气彩虹门，亲朋好友摆了20多桌。我一进去，他夫人就迎出来了。杨亮赶紧介绍，这是我们社区的陈警长。他夫人很热情，也很大方。老公过生日，她刻意打扮了一下，头发吹了，脸上化了淡妆。我一看，人很漂亮，忙前忙后照顾客人，走路像一阵风似的。过了一会儿，杨亮的两个小孩儿也来了，大的是女孩儿，小的是男孩儿，两个小孩儿都不错。我问杨亮，这两个小孩儿都是你夫人照顾的？他说是的，还有我父母亲也都是她照顾的。我心说，好家伙，两个小的，两个老的，一家五口真够她累的。

我把镜头对准了生日宴会，重点放在小杨老婆的身上。开始喝酒了，客人们都站起来闹酒。我趁机大声说，各位亲朋，当年小杨结婚的时候，大家有没有参加婚礼？大家都说，参加了。我又说，他们俩当时有没有喝交杯酒？大家就乱起来，没有喝，没有喝！我就挑事儿，大家说现在要不要补一个？大家都叫起来，对，对，要补一个，要补一个！小杨夫妇闹不过客人，扭扭捏捏地喝了个交杯酒。很亲热，很恩爱，全都收入了我的镜头。

当晚我就赶回来了。我把生日录像刻成光盘，在电脑上一放，哎呀，镜头真美！我把杨亮叫过来一起看，边看边说，小杨你看看，你有这么个大家庭多让人羡慕啊，父母把你养大不容易，现在他们也该享享福了。享谁的福？享你老婆的福！我打心眼儿里佩服你老婆。你在外面花天酒地，她一个人在家里，照顾两个老人，侍弄两个孩子，家里还有五六亩地，也要她打理，她是贤妻良母啊！小杨，要我说你真不是个东西！你怎么对得起你老婆？你还给野女人写保证书，要跟你老婆离婚，你的良心给狗吃了吗？啊？

杨亮想不到我借口给他看光盘，把他臭骂了一顿，脸当时涨成个紫茄子。他说，陈警长你骂得对，我不会跟老婆离婚，更不会跟孔春结婚。我想等两个孩子毕了业不再需要人照顾了，我就把老婆接过来。只是，我眼下需要人……

我说，你这是什么理由！你需要人雇一个就是了。举头三尺有神明，你像现在这样下去是会遭到报应的。我既是你的朋友，同时又是警察，看到你不对了，我就要管你！

杨亮不吭声了。

我说，我给你时间，你再好好想想，我讲得对不对。

隔了一天，我又教育孔春。我说小孔你到我这边来一下。她就来了。我说前两天杨亮过生日，你没去吧？她的脸就红了。我说，你为什么不去？说来说去还是胆子小，你没这个勇气。你有勇气跑到我这儿来要钱，为什么没勇气到他家里去？你没去，没有感受到那个喜庆的气氛，我真觉得有点儿遗憾。这样吧，我拍了片子，你感受一下，分享一下！

我就放录像给她看。她看得很认真，看到杨亮跟他老婆喝交杯酒的时候，我突然按下暂停键，定格在交杯酒的镜头上。我说你看，杨亮的老婆长得怎么样？不错吧。你再看杨亮跟他老婆多亲啊，他们才是一家人。人总是要有归属的，你的归属不在杨亮这儿，我希望你早日结束和杨亮这不清不楚的关系。这算什么呀？只会害你又害他，你们是没有结果的。你丈夫以后回来知道了怎么办？杨亮他老婆知道了又怎么办？

孔春什么也没有说，就是淌泪。

我说，你再好好想想吧。往后，有什么困难需要我帮助，你就说。

后来，孔春消失了。我问杨亮怎么回事儿？杨亮说，不瞒你说，我受了你的教育，小孔也受了你的教育，我们分手了。我问他，你有没有给她钱？杨亮吞吞吐吐。我说，给就给了，她也不易。

再后来，杨亮把老婆孩子都接过来了，一家人快快乐乐。

有一天，我在街上看见一个女人。哎，那不是小孔吗？我叫了一声，她回过头。一看，不是。我说，对不起，认错人了。她说，没事。

女人转身走了。

望着她的背影，我忽然有些难过。

不知道小孔现在过得怎么样？

诚信大家谈（随笔）

传媒与传媒人的诚信

文／石国雄

相信每一个年纪大一点儿的媒体人，当我们一进入这个行当，就会有人告诉你：真实是新闻的生命。因而，大家格外重视采访，重视新闻素材的收集，重视第一手材料的获取。对于那些重要的事件、人物言谈、相关数据，特别是细节，都要反复核实，以期尽量实事求是地报道出人物或事件的原貌。

这就是新闻的诚信。

记得我当新闻报道员的第一天，宣传股长找我谈话，说干这一行，必须学会诚实，诚实做人，诚实写报道。按照他的要求，我在黑龙江生产建设兵团从事新闻报道6年，发表的每一篇稿子，都要经过当事人、周围群众以及领导审核通过，这就是我们那时耳熟能详的“三通过”。当然，所谓“通过”，就是念给他们听，请他们对事实进行把关，对于那些不同意见，我会重新核实，从不同的角度和层面进行多方求证。当然，当时写批评稿子不多，所以，这件事情只要认真去做，不厌其烦，就可以做到。

新闻诚信的好处，于新闻本身，极大地提振了新闻的威信，发挥出其应有的影响力和号召力。在当时，还没有传播这个概念。后来，我在《中国青年报》工作，发现当时中青报的报道坚持客观公正，对事实诚信，对读者诚信，就取得了巨大的传播力。

诚信于企业，其重要性自不待言，如同仁堂，数百年来坚持“炮制虽繁必不敢省人工，品味虽贵必不敢减物力”，在医药产业竞争激烈的今天，仍然取信于民，独秀天下。那是市场交换诚信不可缺失的例子。

在传播领域，诚信的重要性比之交换领域，有时候并不那么明显和直接，但是，假以时日，效果就会显现出来。比如，新技术带来了传播样式的变化之后，自媒体、博客、播客、微信等，极大地丰富了传播的内容和速度。但是，欢呼声还没有停息，人们对轰炸般传来的信息，显得无所适从了，许多真真假假、真中有假、假言真说、昨是而今非、有意炮制的和误传的信息，就极大地扰乱了人们的视听。于是，人们开始呼唤信息的诚信。

其实，几乎在交换产生私有观念的同时，诚信的观念就产生了。需要文字记述和传播的时候，诚信这一观念就与说话联系在一起了。从人从言，从言成声，传播的真实性历来为人们重视。信誓旦旦、一诺千金、三人成虎、烽火戏诸侯等典故、成语、俗话俚语，在中华文化传承中比比皆是，自然它也成为儒家文化、道家文化的一个重要组成部分。

当前自由传播中出现的问题，表象看，是诚信的缺失。除了刻意为之，有目的地误传，大多数属于说话太随便，没有对自言自语和需要传播的话语作出区别，缺乏专业训练，缺乏传播的职业修养和道德。深刻的原因，是新技术到来的时候，我们的文化修养和道德水准还没有做好准备，现在需要补上这一课。因为，就像一位哲人曾经说过的那样：一切有成效的工作都是以某种诚信为先决条件的。而如果缺少了诚信，不管是传统媒体还是新媒体，当然更包括无数以此为业的媒体人，都难有成就！

（本文作者系中国报业协会原副会长）

从诚信角度谈谈汽车企业的发展

文／陈彬

对于企业来说，诚信是生存之根本、发展之法宝、长青之基石。各行各业在发展初期，依托技术创新手段和巨大市场需求等因素也许可以得一时之利，但当行业发展到一定阶段，只有诚信，也唯有诚信，才能成为最大的市场红利。

中国汽车工业经过几十年发展已达到高度竞争状态，面临群雄逐鹿的局面，汽车企业进行技术革新、管理优化、改革调整等固然重要，但诚信体系建设更加不能有丝毫懈怠。汽车作为人们不可或缺的出行工具，其质量不仅关乎用户体验，更关乎消费者的生命安全。然而，在这几年的央视“3 · 15”晚会上，汽车行业尤其是后市场却成了假冒伪劣产品的“重灾区”。汽车行业为什么会出现这些诚信缺失现象？笔者认为主要原因有三：其一，汽车行业长期高速增长带来的巨大红利，在一定程度上削弱了诚信缺失给企业带来的不良影响；其二，行业对于失信的惩戒机制不健全，在巨大利益面前即使有失信风险的个别企业也会“铤而走险”；其三，守信激励不足，部分小、微型企业的诚信意识还需要加强。

由此可见，汽车行业构筑强大的诚信体系，从宏观层面来讲是规范行业经济秩序、优化产业链效率、维护共同利益的重要保障；从微观层面来看是提升产品竞争力、降低交易成本、增强客户与产品黏性的有效举措。总体来看，在诚信体系建设方面大企业要比小、微型企业的思维和行动更加超前。以东风汽车公司为例，2015 年其在中央企业和中国汽车行业率先发布了《东风汽车公司商业道德公约》，将诚信合规经营、践行公平公正作为行为准则和指南，并向全社会发出构建更加规范、诚信、公平、透明汽车市场的倡导。在以诚信为经营前提下，东风品牌的公信力、影响力日益提升，2016 年首次实现高质量跨越 400 万辆台阶，实现了历史性突破，全年实现销售汽车 427.67 万辆，同比增长 10.44 个百分点，实现销售收入达 5717.6 亿元，高质量完成了中央和国资委的稳步增长目标。综观东风汽车公司近几年的发展表现，无疑做到了经营业绩与诚信建设的“比翼齐飞”。如果说这是偶然，那么再以东风汽车公司旗下的子公司为例：最大合资公司——东风汽车有限公司，致力于塑造“备受信赖”的企业形象，从合资到和谐、从优秀到卓越，2016 年销售达 137.6 万辆，同比增长 8.6 个百分点，实现历史最高销量，发展前景不断向好；轻型商用车事业板块——东风汽车股份有限公司，践行以客户为中心的企业文化，在企业全价值链各环节力推质量战略，向客户承诺产品品质，2016 年在国内轻型商用车市场持续下降的大背景下，该公司轻型商用车市占率逆势增长 0.2 个百分点，圆满完成了集团公司下达的主要经营指标，实现了持续稳健发展。东风汽车公司及旗下子公司的发展经验无不表明，诚信是汽车企业发展的首要命题。

汽车行业的可持续发展，关键是要建立一个与中国汽车工业战略发展相匹配的强大利益共同体，尤其当前汽车行业发展步入“微增长”时代，必须建立包括行业内部所有企业共同遵循的商业诚信约定。譬如前文所述，在主机厂控制力相对较弱的汽车后市场，如果长期鱼龙混杂的局面得不到根本性改变，损失的不光是消费者、经销商和主机厂的利益，最终必将寒了广大消费者的心、砸了产业链共同的碗、堵了中国汽车行业前进的路……

破解由诚信缺失带来的发展困扰，汽车行业还有相当艰难的路要走，但笔者认为有几种措施或许值得一试。一是加强宣传引导，让汽车企业从主观意愿上杜绝诚信缺失，崇尚合法合规和消费者至上的理念；二是严厉监督惩戒，让一些商业欺诈、制假售假、偷逃骗税、以次充好的企业无所遁形；三是完善表彰激励，重奖诚信经营、踏实做事的企业，让“好企业”得到“好回报”。除此之外，如同东风汽车公司发布《东风汽车公司商业道德公约》，整个行业还应完善内部诚信体系和制度建设，让行业内部所有企业从“不敢”失信、“不能”失信到“不想”失信，唯有如此，我国迈入世界汽车强国之列的美好愿望才有可能实现。

（本文作者系东风汽车股份有限公司党委书记）

诚信，家、国发展之基

文／王文海

诚信居然到了需要呼吁和讨论的地步，家、国皆不幸也。

从孔子的“人无信不立”，到商鞅的“徙木而立”，立起来的都是人与人交往的度量衡。小到个体，大到国家，打交道就要立规矩，诚信就是规矩的核心。

没有诚信何来尊严？大仲马有一句名言：当信用消失的时候，肉体就没有了生命。诚实是人生的命脉，是一切价值的根基。左拉说得更直接：失信就是失败。

两千年的“仁、义、礼、智、信”的优秀文化对炎黄子孙的熏陶与传承，抵不过仅仅几十年越来越汹涌的物质流对社会角角落落的冲击与洗礼。我们的精神世界大面积侏儒化与道德断崖式滑坡，让曾经简单的人与人之间的关系忽然变得复杂而没有安全感了。

究其重要原因有两个：一是文化大革命对传统文化的严重破坏以及对人性的摧残与扭曲，使得国人开始不相信诚信了；二是改革开放后对于精神文明和文化教育没有及时跟进而造成的空白与缺失，物质占领了灵魂的制高点，使得国人开始丢弃诚信。

高尔基曾说：人类最不道德处，是不诚实与怯懦。诚实是力量的一种象征，它显示着一个人的高度自重和内心的安全感与尊严感。诚信扫地，社会必然混乱不堪。家、国想要良性发展，矛盾阻碍困难重重。

今天已经不必再说诚信有多重要了，而是建议怎样才能回到诚信的社会。笔者浅显地认为有三点要做到：一是从基础抓起。小学、初中的课本里要大量地选入这方面的内容，才能在孩子们的思想中种下良好的种子，生根发芽，长大后成为“言必信，行必果”的人；二是舆论与宣传机构，特别是网络媒体与电视台要大力弘扬优秀的中华文化，弘扬诚信乃做人之本、立国之本。想要中华文明复兴，首先是中华文化要复兴；三是诚信要立法。从中央层面必须要下大力气抓思想道德方面的东西了。要让所有人认识到：诚信不只是美德的范畴，不诚信是要触犯法律的。

物质文明与精神文明两条腿走路，如果不是一般齐，肯定走不快，难免要摔跤。五千年文明丢掉的东西太多了，而诚信又是文明的核心，没有诚信，一切文明都是散沙。中华民族要实现伟大复兴，必须重新拾起那些闪光的东西，这其中，诚信就是一柄利剑。它不仅能让自己人更团结自信，还能除去污浊，洁净环境，再有就是能够震慑敌手。

仁者无敌。仁者，守诚之人！诚信者，天下之结也！

（本文作者系山西省朔州市作协主席）

学术道德与科研诚信

文 / 刘伟凯

诚信，是中华民族的传统美德。孔子把“信”与“仁、义、礼、智”并列为“五常”。孟子将诚、信结合在一起，提出了道德修养论。程朱理学把“诚”推到了道德本体论和哲学本体论的绝对化巅峰。而如今，诚信更是社会主义核心价值观的道德基础。无论是“富强、民主、文明、和谐”的国家层面的价值目标，还是“自由、平等、公正、法治”社会层面的基本社会属性，或是“爱国、敬业、诚信、友善”公民的基本价值追求，其立足点都是诚信。党的十八大报告也首次将诚信纳入社会主义核心价值体系。

在日常生活中，诚信分为很多种。包括组织的诚信、个人的诚信、对待工作的诚信、对待家人朋友的诚信等。就我的工作性质而言，与我关系最为紧密的，便是学术道德和科研诚信。诚信，是一个人在社会中生存与发展的基本准则。做人要有诚信，搞科研更要讲科研诚信。科研诚信直接影响科研环境，而科研环境对科技创新水平和科技人才成长起着至关重要的作用。

从事科研工作，应该求真务实，不断追求卓越与创新；应该诚实守信，实事求是；应当秉承专业精神，严格执行相关规定、标准和规范；应当做到公平和对他人的尊重，承认他人的成果和贡献；应当严谨自律。在当今社会，人们更多偏向于追求科技的进步和利益的增长而忽略了科学道德这一层面。流于形式的、不科学的管理和评审机制不仅不会促进真正的学术进步，而且具有负面的导向与示范作用。如果一个人或者一项成果并不具备相应的水平和质量，但照样能在竞争中取胜，并且获胜结果与个人利益直接挂钩，这必将从客观上激励更多同样水平的人去效仿，从而导致不良行为的蔓延。

神舟飞船系列的逃逸系统是我所在的单位负责研制的，被誉为宇航员的“生命之塔”，也有人形象地称之为火箭上的救生艇。由于逃逸系统承担着在火箭发生故障时逃逸救生、在飞行正常时完成抛塔，为火箭后续飞行创造条件的双重重大使命，无论火箭发射成功与否，都必须成功，不能失败。试想一下，如果在研制生产过程中出现任何的造假和不诚信的行为，将会造成多么严重的后果。产品实现交付合格率 100%，飞行试验成功率 100% 的背后，是不容许一丝一毫差错的求真精神。因此，在科研院所中，培育和践行诚信价值观是一项长期的任务和系统工程。

我以为，当下我们的科研诚信建设要特别注重以下几点。一、建立诚信单位。在单位中，也要树立法治思维，使权力在阳光下运行；制定的制度要科学、合理、有效，制度的运行要依法、规范、高效；领导干部要自觉讲诚信、懂规矩、守纪律，树立诚信形象，以此不断提高单位的公信力。二、重视制度建构。诚信价值观需要倡导和培育，更需要科学的制度建设来保障。在健全各项制度的基础上，建立符合本单位实际、与社会信用体系接轨的本单位信用体系是关键。一个单位的信用体系，便是这个单位的职工赖以开展共赢合作的基础，对于科研单位而言更是如此。三、营造诚信氛围。开展诚信教育，使大家明确在信用经济时代，如何利用“信用”为自己的工作生活服务、如何通过诚信的收益累积增强自己的生存能力，从而增强诚实守信的行为动力。四、加强宣传，积极营造诚信氛围，引导教育大家在各类活动中诚实守信。大力宣传诚信道德模范的事迹，充分发挥诚信道德模范的道德标杆和社会辐射效应。五、加强诚信监督。监督不力，显然也是当今社会诚信缺失的重要原因之一。所以，我们必须动员广大群众参与，让群众拥有足够的知情权和监督权；除此之外，还要发挥舆论监督的作用，一经发现便进行曝光。当然，我们更要依靠制度的威严与制度的力量，对不诚信者进行严惩，增强制度的威慑力。

有了诚信，我们的科研道路才能走得更远，我们的创新能力才能得到提升，我们的产品才能在竞争中立于不败之地，我们守家报国的愿望才能真正地实现。曾经的“航天四老”虽然都已经先后离开了我们，但他们讲求诚信的精神之光，会永远指引着一代又一代的航天人，继往开来，再创辉煌！

（本文作者系中国航天四院工会常务副主席）

律师诚信之我见

文／陈洪忠

古人云“诚信者，天下之结也”，是说诚信为天下万事中的关键。一个社会诚信程度的高低，中介服务业的形象是最集中的体现。律师是社会中介组织的重要组成部分，更是中国特色社会主义司法公信力的建设者。

作为一名执业近30年的律师、一家逐渐发展成规模律师事务所的领导者，我认为，律师的诚信，就是指律师在执业活动中必须诚实守信，忠实自己的义务，对承诺要充分履行。

第一，忠实履行律师义务有利于国家司法公信力的建设。律师的义务，一般来源于律师事务所与当事人签订的具体委托协议，从表面上看，诚信是律师对当事人的义务。但是，这些义务主要还体现在《律师法》《刑事诉讼法》《民事诉讼法》《行政诉讼法》等法律对律师法定义务的规定中，体现在司法行政主管机关对律师行业进行管理的行政法规、部门规章的明确要求中，体现在行业组织要求律师为社会提供法律服务时应遵循的服务标准中……可见，律师履行好与当事人约定的义务，对于提高司法公信力大有益处，有利于提高社会成员的安全感与幸福指数。

第二，坚持诚信原则有利于律师行业的健康发展。我们社会上总有些人这样认为，律师就是通过卖弄法律与语言技巧获得经济利益的商人，聘请律师能给自己带来多少好处常常令人困扰、犹豫不决。客观上，聘请律师的当事人按照委托合同所付出的不仅是金钱，更多的是对律师的一份信任。而目前在我国社会，聘请律师作为自己的帮手还未形成习惯，少数聘请律师的当事人对法律知识及运用技能的需求一般都非常迫切，极其容易相信任何承诺。所以，律师诚信是律师行业立足于中华大地并获得永续发展的正轨。

第三，律师信守承诺有利于自身业务水平的提高。律师诚信与虚假承诺、不实承诺是天敌，是永不相容的水与火。律师的守信践诺更不能依靠与司法人员的不清关系，也绝不能依靠提供虚假证据、诱导当事人作假证、出具虚假法律意见书等不正当途径去实现。律师提升自己的诚信度的唯一路径，就是要筑牢法律知识基础，不断提高自身的综合素质，自然就会赢取越来越多令人羡慕的主动上门律师业务，从而实现律师的人生价值。实践证明，律师的成长与前途，坚持诚信的理念最为关键，只有具备扎实的业务功底，才是建立律师诚信的阶梯。在社会上，律师诚信度与律师业务水平的高低是相辅相成的。

第四，律师事务所是律师诚信的重要舞台。律师事务所是律师施展才华的舞台，促使其成长为诚信专业律师是“导演”，诚信光环的维护与设计是“舞美”，杜绝失信与防患于未然是“舞台监督”，高效的事务所工作团队是律师信守承诺的后勤保障。北京市一法律师事务所一直视诚信为实现目标的基石，把客户对事务所的信任当作健康发展的动力源泉。从2006年开始，我们事务所先后承担了北京大学、清华大学、中国人民大学、中国政法大学等八所法学院校的学生实习基地的课外教学任务，积极组织律师担任导师，严格按照基地的教学规则指导学生的社会实践。律师的专业发展、各种公益服务、经常性的诚信教育，事务所都会不遗余力组织学习、深入开展。律师任何的失信行为，都可能导致即刻被解聘等最严重的处罚，任何可能发生的失信迹象，都会成为事务所的深刻反思和全力查漏补缺的时机……

在建立健全社会征信体系中，褒扬诚信、惩戒失信，政府的规范引导是必不可少的。为了促进司法公信力的提高，司法机关、行政机关全面保障律师的依法执业权利，尤为重要。同时，在司法行政机关的领导下，在律师协会的自律管理下，律师事务所要加大诚信建设的投入，努力解决年轻律师的生存之忧，努力提高律师的业务水平，宣传好诚信服务的既定理念，做好律师提供诚信服务的坚强后盾。

总之，律师要争做诚信模范，事务所要努力做好律师诚信的舞台。

（本文作者系北京市一法律师事务所名誉主任、北京中关村中介服务业协会会长）

诚信建设漫谈

文／赵冶钧

诚信乃立身之本。春秋时期的著名政治家管仲在《管子·乘马》中讲道："非诚贾不得食于贾，非诚工不得食于工，非诚农不得食于农，非信士不得立于朝。"无论经商、务工、务农、出仕，都要讲究诚信，否则，就不要以此谋生。

随着我国市场经济的快速发展，出现了许多违背诚信道德的现象，严重损害群众切身利益，破坏市场经济秩序，阻碍社会经济的正常运转。究其原因，既有经济转型、市场缺陷、诚信道德教育缺失的因素，也有信用体系建设不完善、法律法规不健全的影响。

中国当代杰出经济学家吴敬琏教授曾经说过："从长远看，中国最缺乏的不是资金、技术、人才，而是信用。"吴老一语点破了诚信的重要性。那是因为在现代经济中，诚信是市场经济的基本原则。"人而无信，不知其可也。"追逐短利，丢弃诚信，得不偿失。在三门峡市，就有一人由于欠债上了法院的失信"黑名单"，买不了返程机票被"困"南极，只得抵押了公司房产，又支付了执行款，才得以从黑名单上暂时除名，终于可以买机票回国了。

那么，怎样才能抓住市场诚信体系建设的重点呢？笔者认为，作为工商部门，要做好以下三点：

首先，要加大对诚信企业的政策激励。通过开展"重合同、守信用"企业、"诚信企业"等评比活动，为诚信企业树立"金字招牌"，在招投标、政府采购等领域中将企业信用情况作为重要考量，增强诚信企业的市场竞争力。同时，可以加快探索建立行政审批"容缺后补"制度，对诚信企业的非主审要件，允许缺项受理和审批，事后补齐，优先提供公共服务便利，降低市场交易成本，提高守信收益。

其次，要加强对失信企业的信用惩戒。建立严格的惩戒机制，在行政处罚的同时，及时公示企业违法信息，结合"经营异常名录"和"黑名单"等惩罚措施，将企业信用情况暴露于社会的监督之下，让市场机制发挥作用，增强对失信企业的惩戒和约束效果，增加企业失信成本，促进企业自律。

最后，要加强全社会信用体系建设。整合政府部门、金融机构、民间团体等各类信用体系，引入"互联网＋诚信"理念，通过大数据应用，构建"一张大网"，形成完整的信用体系，实现"一处失信，处处受限"。还要建立健全与诚信管理直接相关的法律法规，完善对失信行为的约束，让所有市场主体认识到，诚信不只是美德，失信更要受到法律的惩戒。

"诚信者，天下之结也"，它能让战友更团结，也能让敌人更恐惧。自古皆有死，民无信不立。诚者，天之道也；思诚者，人之道也。

（本文作者系河南省三门峡市工商局党组书记、局长）

新的时代
有新的诚信要求

文／陈鸿彝

讲诚信，我们把它分为个人诚信、社会诚信、国家诚信三个层面。

对个人来说，诚信就是信守承诺，说到做到，忠于职守，尽力尽责。诚信是个人立身之本，是生命的底线。一个人有了诚信，才能赢得他人的尊重，才能赢得社会的认可。虚伪的人，寸步难行；即使得计于一时，终将头破血流。个人诚信的底线是不说假话，而不说套话、诳话、违心话，是更高层次的诚信，是新时代的新要求。

对社会来说，诚信就是遵循契约，不打折扣，严肃法规，不讲例外；诚信就是生产上有质，有量，有品（上档次）；产业诚信的底线是不出劣品，而时代要求则是不搞过度包装、不搞非法竞争、不以山寨混市。诚信是社会有序运行的保障。社会生活中任何一个环节上失去诚信，都会带来混乱与灾难。不难设想，药物如果不按配方炮制，机械如果不按规格装配，信息如果不按时送达，公汽不按规定时间、规定路线、规定站点运营，其后果如何？

对国家来说，诚信就是立法定制，扶正祛邪，兑现政策，取信于民。它是政府施政的第一要件。它要求：政策法令的制定是透明的，执行过程是公开的，投入分担是公正的，效益分享是公平的。国家诚信的底线是保证民生安全不受威胁；其核心任务是保证医疗、文教、公益三大系统的高纯度（否则将失去国魂），保持军队、警察、司法三大系统的正能量（负能量的滋生，将造成崩溃）；保障生态农业、电子科技、公共卫生三大系统的高产出（否则会去优势，失去人心）。那就不会是现代国家。然而，实践这三大核心任务，绝不是一件轻而易举的事，它将长期“在路上”。

制度诚信是社会诚信与个人诚信的先导。有制度诚信作先导，社会诚信与个人诚信就会事半功倍，否则一切都是空谈。圣世才会风清气正。

个人诚信是社会诚信与制度诚信的根基。社会诚信与制度诚信只有在个人诚信上得到落实，每个公民才能普遍受益，而公民受益正是我们讲诚信的出发点与归宿。

社会诚信是制度诚信与个人诚信的见证。外界对中华文明的评价，就是以社会诚信为指标、为见证的。历史上，中华曾被誉为礼义之邦，今后，我们将以诚信之邦饮誉世界。

（本文作者系中国人民公安大学教授）

“诚信大家谈”编后感： 本辑《中国诚信文化》有幸邀请到来自社会不同行业领域的专家领导，他们从各自对诚信的感受结合本职工作、行业操守、职业诚信、守信建设等方面，深入浅出地道出了各自的深思、忧虑和建言。编辑作为第一读者，细细品嚼，回味无穷，很受启发和鼓舞。

做人诚信、交往守信、从业重信，是中华先辈崇尚的为人处世、经商务工的基本准则。诚信，历来是中华文明的核心精华，是中华民族自立的根基所在。多年来，党中央国务院对我国诚信建设和法治建设投入了大量人力、物力，做了许多深入细致的制度铺垫和思想引导，使中国开始走向以经济建设为中心，心系广大民众，造福整个社会的富国强民的发展之路；同时，在意识形态方面，开始系统地、循序渐进地推进政务诚信、社会诚信与追求司法公正的国家诚信和社会主义法治建设，扭转了诚信不吃香，守法无人赞的歪风邪气，初步形成崇尚诚信和法治的良好社会氛围。以上几位专家、领导谈及的新闻行业、文学艺术行业、汽车行业、科技行业、律师行业、工商管理行业有关诚信建设的重要推力和远景成效，以及不诚信可能导致的错误甚至灾难，笔触犀利，剖析深刻，入木三分，令人为之一振。的确，如果中国各行各业都能够重视诚信、诺守诚信，中华之强大、社会之美满、人民之和谐、法治之升华都指日可待。让我们紧密团结在以习近平同志为核心的党中央周围，高举诚信文化大旗，脚踏实地坚定地走社会主义法治大道，为实现中华民族伟大复兴的中国梦而努力，再努力！

汉初的信义观

文／倪交

一、汉初信义观的主要渊源

钱穆说：“言两汉学术者，莫不谓其尊孔子，崇儒术。”[①] 汉初的信义观也不例外，同样有着先秦孔孟论信义的思想渊源。

（一）“信”与“义”的分源

先秦“信”“义”各有指称和运用的语境。“信”字最早见于《尚书·金縢》：“信。噫！公命我勿敢言。”[②]信可译为“的确”。《左传》定义“信”是约守命令、统定时间，其文曰“守命共时之谓信”。[③]《国语》指称“信”是确定身份以便各行其是，即“定身以行事谓之信”。[④]《墨子》谓“信，言合于意也”[⑤]，主张“信”是言意的相合无误。此时，“信”多单独使用，且偏重于外在的具体行事。所以，孔子会将“信”纳入他教育学生的“四大科目”（文、行、忠、信）和“五大规范”（恭、宽、信、敏、惠）。“义”字在先秦的含义有二：一为善，如“宣昭义问”[⑥]；一为正义、合宜，如“义固不杀人”[⑦]“义者，宜也”[⑧]。按照西周的金文记载，“义”是一个会意字，从“我”，从“羊”。“我”是兵器，表仪仗；“羊”指祭牲，表祀礼。古代祭祀的时候，除了演习祀礼，还要陈列带着兵器的仪仗队，场面庄重而威武。正所谓：“礼仪三百，威仪三千。”[⑨] 因此，《说文》解释“义”为“己之威仪也”便不足为奇。孟子所谓的四德（仁、义、礼、智），“义”具有独占一隅的重要地位。

（二）“信”与“义”的合流

“信”“义”相提并论，始于《论语》《孟子》。两书将“义”引入“信”的讨论范畴，成功地概括出先秦信义论的思想内涵。孔子曰：“信近于义，言可复也。”[⑩] 朱熹解释：“信，约信也。义，事之宜也。复，践言也……言约信而合其宜，则言必可践矣。”[⑪] 约信必须符合实际情况，否则，即使“言必行，行必果”，也会被孔子批评为识量浅狭的小人行径。[⑫] 孔子还强调要信义夹持，谓：“君子义以为质，礼以行之，孙以出之，信以成之。”言下之意，从“义”而始，至“信”而终，本末各尽、内外兼修。孟子的信义论观点与此一脉相承，他明确表示：“大人者，言不必信，行不必果，惟义所在。”[⑬] 按照朱熹的解释，大人出言行事，主于正义，信果仍在其中；否则，主于信果，则未必合于正义。[⑭] 有了这一前提，通过己身去落实的“信”才具有实现的可能。正如孟子所说：“有诸己之谓信。”[⑮] 可见，“信”以“义”作为实质内容，“义”以“信”作为形式保障，二者缺一不可，如鸟之有双翼，车之有两轮。“信”是道德理想，“义”是行动原则。实质信用不是机械地遵守内心的然诺，而要综合考虑外在更多的实际因缘。循此思路，孔孟的信义思想全面涉及人的社会生活，包括交朋友、役民众、事君父、祷神祇等方方面面。

总之，无论分别而观，还是会通以求，孔孟的信义论集先秦信义思想之大成，是汉初信义观的重要渊源。但是“信”的适用范围在孔子那里仍限于教化的内容和行为的规范，“信”的道德地位在孟子那里还没有得到足够的重视。汉初的信义观，便在这一学术背景下悄悄酝酿。

二、汉初信义观的内容

汉代初年，政府崇尚黄老无为，主张神韩法律，很大程度上恢复了社会的生产活动，巩固了统一的平民政权。但是汉初仍然面临一个悬而未决的难题，即统一思想、教化民众，推进中央政府的文治思想进程。其时，汉初的学术也有一个“汉承秦制”的传统，正如钱穆所论：“汉兴，学统未尝中断。”汉初的信义观基于此种学术传统，在《新语》《新书》《韩诗外传》《淮南鸿烈》《春秋繁露》《新论》和《白虎通义》等著作中又陆续呈现新的面貌。[16]汉初的信义思想应其时代需要，在道德的自律和礼法的保障两个方面获得了长足的发展。一方面，它作为一种道德规范，不仅限于人的言行，还深入人的性情；另一方面，它作为一种教化工具，不仅落实为具体的礼制精神，还落实为详备的法律原则。以下，我们从信义与言行、信义与性情、信义与礼制和信义与法律四个方面来窥知汉初学者的信义观。

（一）信义与言行

汉初学者强调信义与言行的外在一致性。汉初的学者集中讨论了诚信和道义结合原理。与先秦孔孟一样，他们也不提倡那种“言而必信，期而必当”的直信。正如《淮南子·泛论训》所言：“直躬其父攘羊而子证之，尾生与妇人期而死之。直而证父，信而溺死，虽有直信，孰能贵之？”“言必行，行必果”，仍然不是讲求信义的根本要求。

贾谊明确将“信”“义”上升为道德的行动纲领。他说：“天地有六合之事，人有仁、义、礼、智、信之行。”[17]这是对孔子“仁、义、礼之义”与孟子“仁、义、礼、智之端”的进一步补充说明。“信”“义”上升为人的基本德行之一，“行”字突出了它们的道德实践性。“信”的德位明显提高，并以平等身份与仁、义、礼、智完成了理论会师。《韩诗外传》说“言语齐则信听”，[18]强调了言语的整齐对于导民生信的重要性。然而，“言语齐整”的标准是什么呢？《淮南子》认为言语的标准是信义，而信义的标准是人的美言美行。其言曰：“言以信义为准绳也。”（《泰族训》）“美言可以市尊，美行可以加人。”（《道应训》）美言美行不仅可以得到他人的尊重和爱戴，还能得到他人的信赖和支持。正如《诗经》所言：“弗躬弗亲，庶民弗信。”[19]“人先信而后求能。”[20]“躬”“亲”“先信”这些字眼，足以说明“为信由己”的道理。为信由己，信德是个人主导其外在言语和行为一致的完满结果。

（二）信义与性情

信义是人的一种道德本性。汉初的信义观已经初步内涉人的性情，如同诗一样，在心为志，出口为辞，还有利情治性的功效。贾谊认为信义属于人性本自固有的美德。他说：“德有六美，何谓六美？有道，有仁，有义，有忠，有信，有密，此六者德之美也。道者德之本也，仁者德之出也，义者德之理也，忠者德之厚也，信者德之固也，密者德之高也……信固而不易，此德之常也，故曰信者德之固也。”[21]贾谊认为“义”是道德的内在原理，“信”是道德的良善固执，不啻强调信义乃人性本自固有的美德。《韩诗外传》提出四种信义观标准，其中信义的最高标准，是受命之士的内在气度，几乎言行无涉。其文曰：“受命之士，正衣冠而立，俨然，人望而信之；其次、闻其言而信之；其次、见其行而信之；既见其行，而众皆不信，斯下矣。诗曰：慎与言矣，谓尔不信。”[22]受命之士，无须言行，望一眼就能赢得他人的信赖；次一等的，要听到他的言语才能相信他；再次一等的，要看见他的行为才能相信他；已经见了他的行为，众人还是不会相信他，这是最下等的情况。

诚信也是人的一种道德本性。《淮南子》曰：“同言而民信，信在言前也；同令而民化，诚在令外也。”[23]与民同心，能使民众给予信赖；与民同令，能使民众接受教化。所以，诚信是可以通过内求获得的道德品质。因为诚信与否，自己最清楚：“使人信己者易，而蒙衣自信者难。”[24]自信之所以难为，是因为它涉及个人的身心内外，身外须言行一致，心内当真诚由衷忠。当“信形于内，感动应于外”[25]的时候，才能感通他人的性情。因此，《淮南子》所谓“知券契而信衰”和“贞信漫澜，人失其情性”[26]的道理就不难理解了。

（三）信义与礼制

汉初学者迅速将“信”的地位升作治世的教化法宝，有“政莫大于信，治莫大于仁”的说法。信义作为一种道德规范被崇奉得越高，它作为一种教化工具就落实得越具体。

首先，汉初的信义观包含着为善去恶、尊礼守序的具体内容。贾谊极力提倡信道应包含为善去恶、尊礼守序的内容。他说："君子居乱世，则合道德，采微善，绝纤恶，修父子之礼，以及君臣之序，乃天地之信道，圣人之所不失也。乃天地之信道，圣人之所不失也。"当政者若要发挥实信义的教化作用，就应该践行信义中为善去恶、尊礼守序的内在要求。贾谊还基于政治教化的目的将"信"拔高到与"仁"齐平的位置。他说："故黄帝职道义，经天地，纪人伦，序万物，以信与仁为天下先。"（《新书·大政上》）"信"与"仁"贯穿当政者一切行为的始终，并且"信"似乎更重于"仁"，因为只有赢得百姓的信任，仁政才有落地生根的政治环境。

其次，汉初的信义观认识到了幼儿诚信教育的重要性。《韩诗外传》记载："孟子少时，东家杀豚，孟子问其母曰：'东家杀豚，何为？'母曰：'欲啖汝。'其母自悔而言曰：'吾怀妊是子，席不止，不坐；割不正，不食；胎教之也。今适有知而欺之，是教之不信也。'乃买东家豚肉以食之，明不欺也。"[27] 孟母十分注重家教，尤其是对孟子的诚信教育。从孟母的个人行为来看，所论属于信义与言行的范畴，而从教化层面来看，孟母的行为若是成为社会的诚信榜样，就可以教育广大的民众恪守诚信。

再次，汉初的信义观开始关注商贾活动的行为规范。陆贾说："匹夫行仁，商贾行信。"[28]他认为个人应当操守仁义，商贾应当操守信用的主张。汉初迎来了较为稳定的社会局势，商贾买卖的活动逐渐兴盛，如果没有诚信的规范，势必造成社会的混乱和人心的道德沦丧。

又次，汉初的信义观论及外交使者的资格条件问题。其言曰："故使者必矜文辞，喻诚信，明气志，解结申屈，然后可使也。"[29] 使者必备的条件，首先就是须慎重对待自己的文辞，其次还要向别人传达自己的真诚和信用。

最后，汉初的信义观侧重于规范当政者的政治行为。贾谊根据教化的实际需要，阐述了信义所规范的群体各不同。他说："下爱其民，非以忠信，则无以谕爱也。故忠信行于民，礼节谕于士，道义入于上，则治国之道也。虽治天下者，由此而已。"（《新书·修政语下》）忠信是对民众的要求，道义是对当政者的规范。当政者施行爱民政策，就能够得到民众的拥戴和信任，就会促成和平安定的社会局面。"故欲求士必至，民必附，惟恭与敬，忠与信，古今毋易矣。"[30] 当政者想要尊贤至士、谕信于民，他们必须具备接受信义的道德规范。《淮南鸿烈》记载了晋文公赏功和西门豹治邺季的故事，和盘托出了明智的当政者为何一定主动接受信义道德熏陶的原因。

（四）信义与法律

就法律而言，信义所规范的对象是社会和国家。信义与法律的结合要注意两个方面的问题：一是发挥信义的积极功用；一是惩罚信义的失道行为。汉初信义的法律化，主要体现在赏罚领域。贾谊在《新书》中主张"疑功从予"[31]的赏功原则，就是要体现立法者"信"的道德理想。《淮南子·兵略训》曰："所谓人事者，庆赏信而刑罚必。"同样强调庆赏和刑罚要有明确规定并坚决执行。但是，法律却要严厉惩处民众的失信行为。《韩诗外传》曰："不仁之至忽其亲，不忠之至倍其君，不信之至欺其友。此三者、圣王之所杀而不赦也。"[32] 欺友的失信行为，其严重性仅次于无视至亲、悖逆君王，即使贤明的君王，也不会赦免原谅。但学者们也意识到"信者易欺"[33]的道理，提倡在关乎国家命运的军事活动中要学会应变和权衡。

三、结 论

汉初的学者结合诚信和道义，以先秦孔孟的信义论为理论渊源，在内容和规模上进一步发展，形成了系统、精致的信义思想。汉初的信义观既论及个人的道德标准，也论及社会的礼法制度。在道德方面，信义的道德力量贯通个人外在的言行和内在的性情；在礼法方面，信义的教化功能作用于社会的各阶层和各领域。汉初的信义观，奠定了后世信义论发展的基本趋势。董仲舒将"信""义"列入"五常”，属于个人最基本的道德品质。他上书汉武帝时曾说：“夫仁、谊、礼、知、信五常之道，王者所当修饬也。”㉞东汉《白虎通义》又将“信”纳入“五性”，并与“六情”“五行”“五藏”“五方”“五色”“五经”等结合，使得信义思想成为贴切人心的思维基础。㉟宋明时期的信义思想也是循着汉初信义观发展的方向开辟而出的新境界。

（本文作者系中国政法大学国际儒学院中国哲学专业研究生）

注释

① 钱穆：《国学概论》，商务印书馆1996年版。

② 慕平译注：《尚书·金縢》，中华书局2009年版。

③ 刘利、纪凌云译注：《左传·僖公七年》，中华书局2007年版。

④ 尚学锋、夏德靠译注：《国语·晋语》，中华书局2007年版。

⑤ 李小龙译注：《墨子·经上》，中华书局2011年版。

⑥ 于夯译注：《诗·大雅·文王》，书海出版社2001年版。

⑦ 李小龙译注：《墨子·公输》，中华书局2011年版。

⑧ 朱熹：《四书章句集注》，中华书局2011年版。

⑨ 学界将“礼仪三百，威仪三千”解释为：“礼”的总纲有三百条之多，细目有三千多条。形容礼仪的项目很多，内容非常全面和细致。

⑩ 朱熹：《四书章句集注》，中华书局2011年版。

⑪ 朱熹：《四书章句集注》，中华书局2011年版。

⑫ 朱熹：《四书章句集注》，中华书局2011年版。

⑬ 焦循：《孟子正义》，中华书局1987年版。

⑭ 朱熹：《四书章句集注》，中华书局2011年版。

⑮ 焦循：《孟子正义》，中华书局1987年版。

⑯ 钱穆：《国学概论》，商务印书馆1996年版。

⑰ 贾谊：《新书·六术》，中华书局2012年版。

⑱ 韩婴：《韩诗外传·卷八》，中华书局1980年版。

⑲ 顾迁译注：《淮南子·谬称训》，中华书局2009年版。

⑳ 顾迁译注：《淮南子·说林训》，中华书局2009年版。

㉑ 贾谊：《新书·道德说》，中华书局2012年版。

㉒ 韩婴：《韩诗外传·卷三》，中华书局1980年版。

㉓ 顾迁译注：《淮南子·谬称训》，中华书局2009年版。

㉔ 顾迁译注：《淮南子·谬称训》，中华书局2009年版。

㉕ 顾迁译注：《淮南子·齐俗训》，中华书局2009年版。

㉖ 顾迁译注：《淮南子·齐俗训》，中华书局2009年版。

㉗ 韩婴：《韩诗外传·卷十》，中华书局1980年版。

㉘ 李振宏注：《新语·道基》，河南大学出版社2016年版。

㉙ 韩婴：《韩诗外传·卷十》，中华书局1980年版。

㉚ 贾谊：《新书·修政语下》，中华书局2012年版。

㉛ 贾谊：《新书》，中华书局2012年版。《大政上》记载：“疑罪从去，仁也；疑功从予，信也。”

㉜ 韩婴：《韩诗外传·卷二》，中华书局1980年版。

㉝ 顾迁译注：《淮南子·兵略训》，中华书局2009年版。

㉞ 班固：《汉书·董仲舒传》，中华书局2007年版。

㉟ 陈立：《白虎通义疏证》，中华书局1994年版。